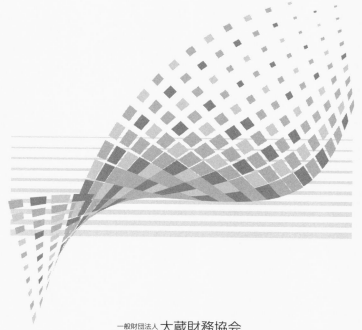

令和5年4月〜6月　第131集

裁決事例集

一般財団法人 大蔵財務協会

は　じ　め　に

　現在、国税不服審判所における審査請求事件の裁決については、法令の解釈、運用上先例となり、他の参考となる重要な判断を含んだもの、また、事実認定に関し他の参考となる判断を含んだもの等が公表されています。

　本書は、国税不服審判所より公表された裁決を、多くの税理士、公認会計士、弁護士、行政法学者等の方々の便に資するため四半期ごとに取りまとめて「裁決事例集」として発行しているものです。

　今版は、「裁決事例集（第131集）」として、令和5年4月から令和5年6月分までの間に公表された裁決を収録しておりますが、今後公表される裁決についても逐次刊行していく予定です。

　本書が、日頃の税務上の取扱いの判断の参考となり税務事務の一助となれば幸いです。

　なお、収録されている裁決が、その後の国税に関する処分の取消訴訟において、その処分の全部又は一部が取り消されている場合がありますので、本書のご利用に際してはご注意ください。

令和6年3月

目　　次

〈令和5年4月分から6月分〉

一　国税通則法関係

（国税の調査・行政手続法との関係／2 事前通知（通則法74条の9及び74条の10に該当するもの））

1　実地の調査に係る手続に原処分を取り消すべき違法又は不当は認められないとした事例（①平成26年分から令和2年分までの所得税及び復興特別所得税の各更正処分並びに重加算税の各賦課決定処分、②平成26年1月1日から平成30年12月31日までの各課税期間の消費税及び地方消費税の各更正処分並びに重加算税の各賦課決定処分、③平成31年1月1日から令和2年12月31日までの各課税期間の消費税及び地方消費税の各更正処分並びに過少申告加算税及び重加算税の各賦課決定処分・①②③棄却・令和5年5月18日裁決）……………………………………………　3

（更正の請求　通常の事由）

2　給与を返還した場合には源泉徴収の規定により正当に徴収された又はされるべき所得税等の額も減少するとした事例（①平成28年分の所得税及び復興特別所得税の更正の請求に対する理由なし通知処分、②平成29年分の所得税及び復興特別所得税の更正の請求に対する理由なし通知処分・①一部取消し、②棄却・令和5年4月12日裁決）………………………………………………………………　36

二　法人税法関係

（減価償却資産の償却　取得価額（有形減価償却資産））

3　一括取得した土地及び建物について、各資産の取得価額等の算定に当たり、不動産鑑定評価における積算価格比によりあん分するのが合理的であるとした事例（①平成30年3月1日から平成31年2月28日まで及び平成31年3月1日から令和2年2月29日までの各事業年度の法人税の各更正処分並びに令和2年3月1日から令和3年2月28日までの事業年度の法人税の更正処分及び過少申告加算税の賦課決定処分、②令和2年3月1日から令和3年2月28日までの課税事業年度の地方法人税の更正処分及び過少申告加算税の賦課決定処分、③平成30年3月1日から平成31年2月28日まで及び平成31年3月1日から令和2年2月29日までの各課税期間の消費税及び地方消費税の各更正処分並びに過少申告加算税の各賦課決定処分・①③一部取消し、棄却②一部取消し・令和5年6月21日裁決）……………　49

三　相続税法関係

（相続税の課税価格の計算　債務控除　その他の債務）

4　相続開始後にされた修繕工事代金相当額は、相続税の課税価格の計算における債務控除をすることができないと判断した事例（令和元年8月相続開始に係る相続税の更正処分及び過少申告加算税の賦課決定処分・棄却・令和5年6月27日裁決）………………………………………………………………………………　77

（連帯納付義務）

5　相続税法第34条第1項が規定する「相続等により受けた利益の価額に相当する金額」の算定に当たり、相続等により取得した財産の価額から控除すべき金額は、相続等により財産を取得することに伴って現実に支払義務が生じた金額と解することが相当であるとした事例（連帯納付義務の納付通知処分・棄却・令和5年6月21日裁決）………………………………………………………………………………　89

（連帯納付義務）

6　相続税法第34条第1項が規定する「相続等により受けた利益の価額に相当する
　　金額」の算定に当たり、相続等により取得した財産の価額から控除すべき金額は、
　　相続等により財産を取得することに伴って現実に支払義務が生じた金額と解する
　　ことが相当であるとした事例（連帯納付義務の各納付通知処分・棄却・令和5年
　　6月21日裁決）‥‥‥‥‥‥‥‥‥‥‥‥‥‥‥‥‥‥‥‥‥‥‥‥‥‥‥‥‥‥‥ 118

四　租税特別措置法関係

（小規模宅地等についての相続税の課税価格の計算の特例）

7　相続開始時に共同住宅の貸室の一部が空室であったことは、一時的に賃貸され
　　ていなかったものとは認められないため、その敷地の当該空室に対応する部分は、
　　貸付事業用宅地等に該当せず、小規模宅地等の特例の適用はないとした事例（令
　　和元年10月相続開始に係る相続税の更正処分及び過少申告加算税の賦課決定処
　　分・棄却・令和5年4月12日裁決）‥‥‥‥‥‥‥‥‥‥‥‥‥‥‥‥‥‥‥‥‥ 151

一　国税通則法関係

〈令和5年4月〜6月分〉

事例 1 （国税の調査・行政手続法との関係／2 事前通知（通則法74条の9及び74条の10に該当するもの））

　　実地の調査に係る手続に原処分を取り消すべき違法又は不当は認められないとした事例（①平成26年分から令和2年分までの所得税及び復興特別所得税の各更正処分並びに重加算税の各賦課決定処分、②平成26年1月1日から平成30年12月31日までの各課税期間の消費税及び地方消費税の各更正処分並びに重加算税の各賦課決定処分、③平成31年1月1日から令和2年12月31日までの各課税期間の消費税及び地方消費税の各更正処分並びに過少申告加算税及び重加算税の各賦課決定処分・①②③棄却・令和5年5月18日裁決）

《ポイント》

　本事例は、原処分庁が、その保有する情報及び請求人の確定申告書の記載内容から売上除外を想定し、原始記録及び帳簿書類等の保全のために国税通則法第74条の10《事前通知を要しない場合》に規定する事前通知を要しない場合に該当すると判断したことに、裁量権の逸脱又はその濫用は認められないことから、違法又は不当はないとしたものである。

《要旨》

　請求人は、原処分庁が国税通則法第74条の10《事前通知を要しない場合》に規定する要件に該当しないにもかかわらず、請求人に対して無予告無通知で調査を行ったことから、原処分を取り消すべき違法又は不当がある旨主張する。

　しかしながら、原処分庁は、把握していた情報及び請求人の確定申告書の記載内容から売上除外等が想定され、事前通知をすることで請求人が売上げに係る原始記録及び帳簿書類等を破棄するなど不正取引の把握を困難にするおそれがあると認められたため事前通知を要しない場合に該当すると判断したものであり、その判断に全く事実に基づかず明白に合理性に欠けるなど裁量権の範囲を超え、又はその濫用があったとは認められないことから、事前通知をしなかったことに違法又は不当はない。

　また、請求人は、請求人から国税通則法第74条の11《調査の終了の際の手続》第2項に規定する調査結果の内容の説明（調査結果説明）を受けることについての同意を受け

た代理人税理士（本件税理士）に調査結果説明を行えなかったのであれば、原処分庁は、他の代理人税理士に調査結果説明をすべきであり、調査結果説明がないまま行われた原処分には取り消すべき違法がある旨主張する。

　しかしながら、原処分庁は、本件税理士に対して相当の回数、調査結果説明をするために連絡を試みており、本件税理士がこれに応じなかったことは、その機会を自ら放棄したものと認められることから、調査結果説明がなかったことについて、原処分の取消事由となる違法があるとは認められない。

《参照条文等》

　国税通則法第74条の９、第74条の10

《参考判決・裁決》

　東京高裁平成３年６月６日判決（訟月38巻５号878頁）

　平成27年７月21日裁決（裁決事例集 No.100）

　平成27年５月26日裁決（裁決事例集 No.99）

（令和 5 年 5 月18日裁決）

《裁決書（抄）》

1　事　実

(1)　事案の概要

　　本件は、原処分庁が、ブロック工事業を営んでいた者で、G社の代表者である審査請求人（以下「請求人」という。）に対して行った調査に基づき、所得税等及び消費税等の更正処分等をしたところ、請求人が、①調査手続には当該更正処分等を取り消すべき違法がある、②請求人の所得税等の事業所得の金額は、推計の方法により算定すべきである、③当初の調査結果の説明の際に認めていた消費税の仕入税額控除を認めるべきであるなどとして、原処分の全部の取消しを求めた事案である。

(2)　関係法令等

　　関係法令等の要旨は、別紙のとおりである。

　　なお、別紙で定義した略語については、以下、本文においても使用する。

(3)　基礎事実及び審査請求に至る経緯

　　当審判所の調査及び審理の結果によれば、以下の事実が認められる。

　イ　請求人の申告等の状況

　　(イ)　請求人は、ブロック工事業を営む個人事業者であった（以下、請求人が営んでいた事業を「本件事業」という。）。

　　(ロ)　請求人は、平成17年12月21日、原処分庁に対して、同年 1 月 1 日から同年12月31日までの課税期間を適用開始課税期間とする消費税課税事業者届出書及び消費税簡易課税制度選択届出書を提出した。

　　(ハ)　請求人は、平成26年分、平成27年分、平成28年分、平成29年分、平成30年分、令和元年分及び令和 2 年分（以下、これらを併せて「本件各年分」という。）の所得税及び復興特別所得税（以下「所得税等」という。）について、各確定申告書に別表 1 の「確定申告」欄のとおり記載して、いずれも法定申告期限までに申告した。

　　　　なお、請求人は、本件各年分の所得税等の各確定申告書について、「収入金額等」欄の各欄にいずれも金額を記載せず、収支内訳書も添付していなかった。

　　(ニ)　請求人は、平成26年 1 月 1 日から平成26年12月31日までの課税期間（以下「平成26年課税期間」といい、他の課税期間も同様に表記する。）、平成27年課

— 5 —

税期間、平成28年課税期間、平成29年課税期間、平成30年課税期間、令和元年課税期間及び令和2年課税期間（以下、これらを併せて「本件各課税期間」という。）の消費税及び地方消費税（以下「消費税等」という。）について、各確定申告書に別表2の「確定申告」欄のとおり記載して、いずれも法定申告期限までに申告した。

(ホ) 請求人は、令和3年11月2日、原処分庁に対して、同年8月31日に個人事業を廃業した旨の個人事業の開業・廃業等届出書及び事業廃止届出書を提出した。

ロ 原処分に係る調査の状況等

(イ) 原処分庁所属の調査担当職員（以下「H署職員」という。）及びJ国税局の調査担当職員（以下「国税局職員」といい、H署職員と区別せずに「本件調査担当職員」という。）は、令和3年11月16日、事前通知を行うことなく、請求人の本件各年分の所得税等及び本件各課税期間の消費税等に係る調査を開始した（以下、これにより開始された請求人に対する一連の調査を「本件調査」という。）。

(ロ) 本件調査担当職員は、請求人に対して令和3年11月16日及び同月17日に実施した質問検査の際における質問と応答の要旨を記録した質問応答記録書（以下「本件記録書」という。）を作成した上で、同月19日に請求人の自宅において、請求人に対して本件記録書の記載内容を読み上げ、かつ、請求人に閲読させたところ、請求人は、本件記録書の問答末尾及び各頁に署名した。

なお、本件記録書には、要旨以下のとおり記載されている。

A 請求人は、請求書の控えから月ごと及び1年間の収入金額を集計し、必要経費については科目ごとに1年間の金額を集計し、当該各集計額を白地の用紙に記載（以下、当該各集計額を記載した用紙を「本件集計表」という。）して真実の収入金額及び必要経費の金額を把握していた。しかし、請求人は、税負担を少なくするために、①本件集計表に記載した収入金額に任意の割合を乗じて算定した金額、②本件集計表に記載した必要経費の金額、及び上記①から②を差し引いた金額を本件集計表とは別の用紙に記載した上で、これをK商工会に持参（以下、請求人がK商工会に持参した用紙を「本件集計メモ」という。）し、所得税等及び消費税等の各確定申告書の記載方法の指導を受けて、請求人が本件集計メモに基づき自ら作成した後に、当該各確定申

告書の原処分庁への提出をK商工会に依頼した（以下、請求人がK商工会の記載指導により当該各確定申告書を作成したことを「本件申告書作成作業」という。）。

B　平成26年分以降、請求人は事業所得の申告用の所得金額を意図的に調整していた。具体的には、真実の収入金額に任意の割合を乗じて、うその収入金額を算定した上で、真実の必要経費の金額を差し引いて所得金額を計算した結果、○○○○円程度となれば、それを申告用の所得金額としていた。

　　毎年、少ない所得金額で確定申告をすると、税務調査を受ける危険性があると考え、真実の収入金額が増加するのに合わせて申告用の所得金額も徐々に上げていき、令和元年分以降は○○○○円から○○○○円程度の所得金額になるように調整していた。

C　請求人は、本件集計表及び本件集計メモを残しておくと税務調査を受けた際に所得金額を意図的に少なく申告したことが露見すると考え、本件申告書作成作業の後、直ちに本件集計表及び本件集計メモを廃棄した。

(ハ)　請求人は、本件調査の開始を契機に、本件調査に関する事項について、L税理士法人の代表社員であるM税理士、税理士法人Nの代表社員であるP税理士及びQ税理士に税理士法第2条《税理士の業務》第1項第1号に規定する税務代理を委任する旨の税務代理権限証書を原処分庁に提出した。

(ニ)　本件調査担当職員は、令和3年12月9日、請求人、P税理士及びQ税理士に対し、通則法第74条の11第2項に規定する調査結果の内容の説明を行い（以下、この説明を「当初調査結果説明」という。）、本件各年分の所得税等及び本件各課税期間の消費税等の各修正申告の勧奨を行った。

(ホ)　本件調査担当職員は、令和4年2月1日、M税理士及びP税理士と面談し、その際、請求人が売上先への請求金額のほか、支払った給与賃金や外注工賃を記載したノートを作成していたとして、M税理士及びP税理士から本件調査担当職員へ、平成22年1月から令和3年12月までに係る6冊のノートの提示（以下、この6冊のノートのうち、平成26年1月から令和2年12月までの記載があるノート3冊を「本件ノート」という。）がされた。

ハ　審査請求に至る経緯

(イ)　原処分庁は、令和4年3月3日付で、本件各年分の所得税等について、別表

1の「更正処分等」欄のとおり各更正処分（以下「本件所得税等各更正処分」という。）及び重加算税の各賦課決定処分（以下「本件所得税等各賦課決定処分」という。）を、本件各課税期間の消費税等について、別表2の「更正処分等」欄のとおり各更正処分（以下「本件消費税等各更正処分」という。）並びに過少申告加算税及び重加算税の各賦課決定処分（以下「本件消費税等各賦課決定処分」という。）をした。

なお、令和元年課税期間及び令和2年課税期間の消費税等の基準期間である平成29年課税期間及び平成30年課税期間における課税売上高は、平成29年課税期間及び平成30年課税期間の消費税等の各更正処分により、いずれも○○○○円を超えた。

(ロ) 請求人は、上記(イ)の各処分に不服があるとして、令和4年6月1日に審査請求をした。

なお、請求人は、当審判所に対し、本審査請求において、原処分庁が認定した請求人の本件事業に係る収入金額については争わない旨を申し立てた。

2 争 点

(1) 本件調査に、原処分の取消事由となるべき違法又は不当があるか否か（争点1）。

(2) 請求人の事業所得の金額は、推計の方法により算定すべきか否か（争点2）。

(3) 令和元年課税期間及び令和2年課税期間の消費税について、仕入税額控除が適用されるか否か（争点3）。

(4) 請求人の本件各年分の所得税等及び本件各課税期間の消費税等について、通則法第68条第1項に規定する「隠蔽し、又は仮装し」に該当する事実があるか否か（争点4）。

(5) 請求人に、通則法第70条第5項第1号に規定する「偽りその他不正の行為」に該当する事実があるか否か（争点5）。

3 争点についての主張

(1) 争点1（本件調査に、原処分の取消事由となるべき違法又は不当があるか否か。）について

請求人	原処分庁
以下のとおり、本件調査は違法又は不	以下のとおり、本件調査に、原処分を

当な調査であり、原処分は取り消される
べきである。

イ　事前通知について

　　通則法が改正され、同法第7章の2
《国税の調査》として調査手続が明確
化された趣旨は、納税者の権利を尊重
し、原処分庁の恣意的な判断を排除し
て、一方的な税務調査を規制するもの
であるところ、本件調査は無予告無通
知で行われた。

　　調査手続通達には、通則法第74条の
10に規定する「違法又は不当な行為を
容易にし、正確な課税標準等又は税額
等の把握を困難にするおそれ」がある
場合を具体的に列挙しているが、本件
調査はそのいずれにも該当しない。

　　そのため、本件調査は、通則法第74
条の10に規定する事前通知を要しない
場合の要件には該当しない。

ロ　新型コロナウイルス感染症の感染防
止策について

　　国税庁がホームページにおいて、調
査事務における新型コロナウイルス感
染症の感染防止策として、調査官の人
数に配慮することを公表していたにも
かかわらず、本件調査は、国税局職員

取り消すべき違法又は不当はない。

イ　事前通知について

　　請求人が原処分庁に提出した本件各
年分の所得税等の各確定申告書に収入
金額の記載がないものの、本件各課税
期間の消費税等の各確定申告書に記載
されている課税標準額と原処分庁が保
有する情報から、売上除外等の不正取
引が想定された。このため、本件調査
において、請求人に対して事前通知を
行ったのでは、売上げに係る原始記録
及び帳簿書類等が破棄、移動、隠匿、
改ざん、変造又は偽造され、不正取引
の全貌を明らかにすることが困難にな
るおそれがあることから、原処分庁
は、通則法第74条の10に規定する「違
法又は不当な行為を容易にし、正確な
課税標準等又は税額等の把握を困難に
するおそれ」があると認めたのであ
り、本件調査では事前通知を要しない
と判断したことに違法はない。

ロ　新型コロナウイルス感染症の感染防
止策について

　　本件調査において、本件調査担当職
員は、国税庁の調査事務における新型
コロナウイルス感染症の感染防止策に
基づき、本件調査を行う前に、検温を
実施し、手洗い又は手指の消毒並びに

３名及びＨ署職員２名で実施されており、その配慮がされていない。さらに、本件調査の初日、Ｈ税務署内で新型コロナウイルス感染者の濃厚接触者が発生したことから、Ｈ署職員１名を帰署させたにもかかわらず、国税局職員が本件調査を続行したことは、国民の健康と安全を確保する公務員としての任務を怠るものであり、不当である。

うがいを行い、咳、発熱、けん怠感等の風邪症状がないことを確認している。また、本件調査の初日に新型コロナウイルス感染者の濃厚接触者が発生した際、Ｈ署職員は濃厚接触者に該当はしていなかったが、感染拡大をより一層防止する観点から帰署させ、国税局職員のみで調査を行った。

これらのことは、質問検査の必要があり、かつ、これと請求人の私的利益との衡量において社会通念上相当な限度にとどまっており、権限のある調査担当職員の合理的な選択の中で、新型コロナウイルス感染症の感染拡大防止のため、必要な感染防止策を行った上で調査を行ったことにほかならない。

ハ　調査結果の内容の説明について

調査結果の内容の説明は、通則法に規定された調査手続における厳格な要件であるにもかかわらず、説明を行うことなく原処分を行ったことは違法である。

なお、原処分庁は、調査結果の内容の説明を行うよう試みたが、請求人の同意を受けたＭ税理士がこれに応じなかった旨主張する。しかし、原処分庁が法令を遵守する立場であるなら、本件調査に係る税務代理を委任されたほかの代理人にも連絡をすべきである。

ハ　調査結果の内容の説明について

本件調査担当職員は、請求人の同意を受けたＭ税理士に対して調査結果の内容の説明を行うよう試みるも、Ｍ税理士は、本件調査担当職員の調査結果の説明を忌避するかのような対応を続けていた。このような状況において、調査結果の内容の説明を行わなかったことのみをもって直ちに本件調査の調査手続に瑕疵があったとは認めがたいことに加え、公序良俗に反し又は社会通念上相当の限度を超えて濫用にわたるなど重大な違法を帯びるとは認めら

	れない。

(2) 争点2（請求人の事業所得の金額は、推計の方法により算定すべきか否か。）について

請求人	原処分庁
原処分庁が、領収書等の具体的な裏付けがない費用を必要経費の一部として認め、請求人の事業所得の金額を算定したことは、必要経費の一部を推計により算定したものであるから、本件各年分における請求人の事業所得の金額についても、原処分庁が長年にわたり実務で使用した所得率や同業者比率を活用した推計の方法により算定すべきである。	原処分庁は、請求人の本件各年分の事業所得の金額を原始記録に基づき、実額にて算定している。

(3) 争点3（令和元年課税期間及び令和2年課税期間の消費税について、仕入税額控除が適用されるか否か。）について

原処分庁	請求人
本件調査において、本件調査担当職員が請求人に対し帳簿の作成及び原始記録の保存について質問したところ、請求人は、外注工賃に係る振替依頼書やクレジットカード決済の利用明細などの原始記録は保存しているが、帳簿は作成していない旨回答している。 　そして、その回答のとおり、本件調査担当職員は、一部の原始記録の保存は確認したが、帳簿の把握はできなかった。 　したがって、消費税法第30条第7項の	令和元年課税期間及び令和2年課税期間の消費税等の各更正処分の理由には、本件調査時に帳簿を提示しなかった旨記載されているが、請求人は、本件調査に惜しみなく協力しており、帳簿の提示を求められ、それを拒否した事実はなく、不提示の意思はない。また、当初調査結果説明の後に本件ノートの存在が明らかになると、請求人は、本件調査担当職員の求めに応じて本件ノートを提示しており、さらに、請求書等の原始記録から課

規定により、事業者が当該課税期間の仕入税額控除に係る帳簿を保存しない場合に該当し、仕入税額控除を適用することができない。 　なお、請求人が提出した本件ノートには、課税仕入れを行った年月日及び課税仕入れに係る役務の内容が記載されていない上に、外注工賃支払先の記載も屋号や略称のみで課税仕入れの相手先が特定できず、課税仕入れの相手先の正式な氏名、名称、それらの略称が記載されている取引先名簿等も見受けられないことから、消費税法第30条第8項の要件を満たしていない。	税仕入れを行った年月日や役務の内容及び課税仕入れの相手先を確認することで、原処分庁は仕入税額を把握できたのだから、仕入税額控除が適用されるべきである。 　そもそも、当初調査結果説明の際に、原処分庁は令和元年課税期間及び令和2年課税期間の消費税について仕入税額控除の適用を認めていたのであるから、仕入税額控除を適用すべきである。

(4)　争点4（請求人の本件各年分の所得税等及び本件各課税期間の消費税等について、通則法第68条第1項に規定する「隠蔽し、又は仮装し」に該当する事実があるか否か。）について

原処分庁	請求人
請求人は、本件集計表により正しい事業所得の収入金額及び必要経費の金額を把握していたにもかかわらず、本件集計メモに基づき本件各年分の所得税等及び本件各課税期間の消費税等の各確定申告書（以下「本件各確定申告書」という。）を作成していた。 　そして、請求人は、税務調査を受けた場合に所得金額を意図的に少なく申告したことが露見することを恐れ、本件申告	本件記録書は、本件調査担当職員による作文であり、その内容は事実に反する。 　請求人は、本件記録書の内容には誤りがあったが、本件調査を早く終わらせたかったため、本件調査担当職員に内容の訂正を求めず、署名をしたものである。 　請求人は、収入金額については、月ごとに本件ノートに請求金額を記載し、確定申告の時期に、本件ノートから1年分

書作成作業の後に本件集計表及び本件集計メモを廃棄していた。

　本件集計表及び本件集計メモを廃棄したことは、通則法第68条第1項に規定する「事実の全部又は一部を隠蔽し、又は仮装し」に該当する。

　また、請求人は、本件ノートにより正しい収入金額を把握していたにもかかわらず、本件各課税期間の消費税等の各確定申告書に過少の課税売上高を記載し、本件集計表に基づかず過少な事業所得の金額を記載した本件集計メモに基づき本件各年分の所得税等の各確定申告書を作成し、その後、本件集計表及び本件集計メモを廃棄していたことは、過少申告の意図を外部からうかがい得る特段の行動に該当することから、通則法第68条第1項に規定する「事実の全部又は一部を隠蔽し、又は仮装し」に該当する。

の合計金額をメモ用紙のようなものに記載しており、また、現金払いの必要経費については、領収書を保存するとかメモをしておくという感覚がなく、丼勘定で計算していた。

　そして、請求人は、メモ用紙のようなものに1年分の収入金額を記載し、そこから丼勘定で計算した現金払いの必要経費を引いた金額を確定申告の収入金額としたほか、外注工賃と給与賃金は本件ノートから、クレジットカード決済の必要経費はその利用明細から集計して附箋に記載して本件申告書作成作業を行っていた。

　また、本件申告書作成作業をするために必要な金額を請求人が記載したメモ用紙のようなもの及び附箋（以下「本件申告用資料」という。）は、本件各確定申告書を作成した後に必要がなくなったから廃棄しただけであり、請求人に、通則法第68条第1項に規定する「事実の全部又は一部を隠蔽し、又は仮装し」に該当する事実はない。

(5)　争点5（請求人に、通則法第70条第5項第1号に規定する「偽りその他不正の行為」に該当する事実があるか否か。）について

原処分庁	請求人
上記(4)の「原処分庁」欄のとおり、請求人は、本件集計表により正しい事業所	上記(4)の「請求人」欄のとおり、本件申告用資料を廃棄したとしても、請求人

得の収入金額及び必要経費の金額を把握していたにもかかわらず、本件集計メモに基づき本件各確定申告書を作成した後に本件集計表及び本件集計メモを廃棄しており、このことは、通則法第70条第5項第1号に規定する「偽りその他不正の行為」に該当する事実があった。	に隠蔽又は仮装に該当する事実はなく、通則法第70条第5項第1号に規定する「偽りその他不正の行為」に該当する事実もない。

4 当審判所の判断

(1) 争点1（本件調査に、原処分の取消事由となるべき違法又は不当があるか否か。）について

イ 法令解釈

(イ) 通則法は、第7章の2において、国税の調査の際に必要とされる手続を規定しているが、同章の規定に反する手続が課税処分の取消事由となる旨を定めた規定はなく、また、調査手続に瑕疵があるというだけで納税者が本来支払うべき国税の支払義務を免れることは、租税公平主義の観点からも問題があると考えられるから、調査手続に単なる違法があるだけでは課税処分の取消事由とはならないものと解される。

もっとも、通則法は、同法第24条《更正》の規定による更正処分、同法第25条《決定》の規定による決定処分及び同法第26条《再更正》の規定による再更正処分について、いずれも「調査により」行う旨規定しているから、課税処分が何らの調査なしに行われたような場合には、課税処分の取消事由となるものと解される。そして、これには、調査を全く欠く場合のみならず、課税処分の基礎となる証拠資料の収集手続（以下「証拠収集手続」という。）に重大な違法があり、調査を全く欠くのに等しいとの評価を受ける場合も含まれるものと解され、ここにいう重大な違法とは、証拠収集手続が刑罰法規に触れ、公序良俗に反し又は社会通念上相当の限度を超えて濫用にわたるなどの場合をいうものと解するのが相当である。

他方で、証拠収集手続自体に重大な違法がないのであれば、課税処分を調査により行うという要件は満たされているといえるから、仮に、証拠収集手続に

影響を及ぼさない他の重大な違法があったとしても、課税処分の取消事由となるものではないと解される。

㋑　通則法第74条の10は、税務署等が保有する情報に鑑み、違法又は不当な行為を容易にし、正確な課税標準等又は税額等の把握を困難にするおそれその他国税に関する調査の適正な遂行に支障を及ぼすおそれがあると認める場合には、事前通知を要しない旨規定しているところ、その趣旨は、これらの行為が行われることが合理的に推認される場合にまで事前通知を行うと、適正かつ公平な課税の実現に反する結果が生ずることとなる一方で、これらの行為が行われることが合理的に推認される場合に事前通知を行わないこととしても、納税者の正当な権利利益を侵害するものではないと考えられるところにあると解される。

　　そして、調査手続通達5－9は、通則法第74条の10に規定する「違法又は不当な行為を容易にし、正確な課税標準等又は税額等の把握を困難にするおそれ」があると認める場合とは、例えば、事前通知をすることにより、納税義務者において、調査に必要な帳簿書類その他の物件を破棄し、移動し、隠匿し、改ざんし、変造し、又は偽造することが合理的に推認される場合などである旨定めているところ、当該通達の定めは同条の上記趣旨に沿うものであり、当審判所もこれを相当と認める。

㋩　処分の不当とは、処分を行うにつき、法の規定から処分行政庁に裁量権が付与されていると認められている場合において、処分行政庁の行った処分が、裁量権の逸脱又は濫用により違法であるとまではいえないが、当該処分の基礎となる法や制度の趣旨及び目的に照らして不合理であることをいうと解される。

ロ　認定事実

　　原処分関係資料並びに当審判所の調査及び審理の結果によれば、以下の事実が認められる。

㋑　原処分庁は、請求人の本件各年分の所得税等の各確定申告書には、事業所得の収入金額の記載がないほか、原処分庁が保有する情報から売上除外等が想定されるため、事前通知を行った場合、売上げに係る帳簿書類等が破棄、隠匿等をされ、その全貌を明らかにすることが困難になるおそれがあるなどと判断したため、本件調査に先立ち事前通知を実施しなかった。

㋺　本件調査担当職員は、令和3年11月16日、請求人の自宅に臨場するに当たり、

事前にH税務署内において、①マスクの着用、②手洗い又は手指の消毒、うがいの実施、③検温、④咳や発熱、けん怠感等の風邪症状がないか、⑤臨場する人数を最小限に留めているかについて、「新型コロナウイルス感染症の感染防止策チェックリスト（連記式）」と題する書面により新型コロナウイルス感染症の感染防止対策の実施状況を自ら確認し、その後、管理者の確認も受けていた。

(ハ) 本件調査担当職員は、令和3年12月22日、P税理士に対して、当初調査結果説明を修正する必要があるため、後日、改めて通則法第74条の11第2項に規定する調査結果の内容の説明を行う旨伝えた。

(ニ) 本件調査担当職員は、令和4年1月14日、M税理士及びP税理士に対して、通則法第74条の11第2項に規定する調査結果の内容の説明ではない旨を明示した上で、説明資料を示して現時点における問題点等を詳細に説明する旨を伝えたところ、M税理士から、当該説明資料で分かるため、当該説明資料をもって説明したということでよい旨の申出を受けた。

　　また、本件調査担当職員は、後日行う調査結果の内容の説明を誰が受けるのかについて、請求人の意思を確認する必要がある旨を両税理士に伝えた。

(ホ) 請求人は、令和4年2月24日、本件調査担当職員に対し、M税理士が調査結果の内容の説明を受けることに同意する旨を電話で伝えた。この電話を受けた本件調査担当職員は、同日、M税理士に電話した後、調査結果の内容の説明に関する参考資料をファックスで送信した。

(ヘ) 本件調査担当職員が、令和4年2月25日、通則法第74条の11第2項に規定する調査結果の内容の説明を行うためM税理士に電話したところ、M税理士は、上記(ホ)の参考資料に記載された消費税等の税額が上記(ニ)の説明資料から増えていることを捉えて、仕入税額控除の適用の要否に係る説明が変遷していること、また、所得税等について所得率を用いて所得金額を算定すると説明していたにもかかわらず、その説明も変遷していることから、本件調査担当職員の話は信用ならない旨を発言し、電話を切った。

(ト) 本件調査担当職員は、上記(ヘ)以降、令和4年2月28日から同年3月2日にかけて、延べ23回、M税理士又はL税理士法人に電話し、調査結果の内容の説明を試みたが、M税理士は、これに一度も応答することはなく、また、本件調査

担当職員への折り返しの連絡依頼にも対応することはなかった。

(チ) 本件調査担当職員は、令和4年3月3日、請求人の自宅において、請求人へ原処分に係る各通知書を交付するに当たり、その内容について説明しようとしたところ、請求人は、当該各通知書の受取を拒否したため、本件調査担当職員は、当該各通知書を請求人の自宅に差し置いた。

(リ) 新型コロナウイルス感染症対策本部が作成・公表している「新型コロナウイルス感染症対策の基本的対処方針（令和3年9月28日変更）」には、政府が国民等及び事業者に周知すべき感染症対策として「三つの密の回避」、「人と人との距離の確保」、「マスクの着用」、「手洗いなどの手指衛生」、「咳エチケット」、「発熱等の症状が見られる従業員の出勤自粛」等が示されている。

ハ 当てはめ及び請求人の主張について

(イ) 事前通知について

　　請求人は、上記3の(1)の「請求人」欄のイのとおり、通則法第7章の2として調査手続が明確化された趣旨は、納税者の権利を尊重し、原処分庁の恣意的な判断を排除して、一方的な税務調査を規制するものであるところ、無予告無通知で行われた本件調査は、通則法第74条の10に規定する事前通知を要しない場合の要件に該当しない旨主張する。

　　しかしながら、請求人は、上記1の(3)のイの(ハ)のとおり、本件各年分の所得税等の各確定申告書には、「収入金額等」欄の各欄にいずれも金額を記載せず、また、事業所得に係る収支内訳書も添付していないなど、所得税法の規定に基づかない確定申告書を提出しており、そのような事業所得の金額の計算の明細が必ずしも明らかではない状況の下ではあったが、上記ロの(イ)のとおり、原処分庁が保有する情報及び請求人の本件各確定申告書の記載内容を検討した結果、売上除外等が想定されたため、本件調査は実施されたものである。このため、原処分庁は、事前通知をすることにより、請求人が売上げに係る原始記録及び帳簿書類等を破棄するなど不正取引の把握を困難にするおそれがあるとして、通則法第74条の10に規定する事前通知を要しない場合に該当すると判断したものであり、その判断に全く事実に基づかず明白に合理性に欠けるなど裁量権の範囲を超え、又はその濫用があったとは認められないことから、原処分庁が事前通知をしなかったことに違法又は不当はない。

(ロ)　新型コロナウイルス感染症に対する感染防止策について

　　請求人は、上記3の(1)の「請求人」欄のロのとおり、国税庁がホームページにおいて、調査事務における新型コロナウイルス感染症の感染防止策として、調査官の人数に配慮することを公表していたにもかかわらず、その配慮がされていない旨、また、H税務署内で新型コロナウイルス感染者の濃厚接触者が発生したことから、H署職員1名を帰署させた後も本件調査を続行したことは、国民の健康と安全を確保する公務員としての任務を怠るものであり、不当である旨主張する。

　　しかしながら、上記ロの(ロ)のとおり、本件調査担当職員は、令和3年11月16日に請求人の自宅へ臨場するに当たり、H税務署内において、新型コロナウイルス感染症の感染防止対策として、①マスクの着用、②手洗い又は手指の消毒、うがいの実施、③検温、④咳や発熱、けん怠感等の風邪症状がないか、⑤臨場する人数を最小限に留めているかの計5項目について、「新型コロナウイルス感染症の感染防止策チェックリスト（連記式）」と題する書面に基づき、自ら確認を行い、管理者からも臨場前にその実施状況の確認を受けていたことが認められる。そして当該書面において確認する事項は、国税庁がホームページで公表している新型コロナウイルス感染症の感染防止策に則っており、当該感染防止策は、上記ロの(リ)の「新型コロナウイルス感染症対策の基本的対処方針」に沿ったものとなっていることからすれば、本件調査の初日における調査官の人数やH署職員1名を帰署させた後も本件調査を続行したことについて、裁量権の逸脱又は濫用があったとは認められず、本件調査が不当に行われたとは認められない。

(ハ)　調査結果の内容の説明について

　　請求人は、上記3の(1)の「請求人」欄のハのとおり、原処分庁が法令を遵守する立場であるなら、調査結果の内容の説明について請求人の同意を受けたM税理士に当該説明を行えない場合、本件調査に係る税務代理を委任されたほかの代理人にも連絡をすべきである旨主張する。

　　しかしながら、上記ロの(ト)のとおり、本件調査担当職員は、相当の回数をもってM税理士に調査結果の内容を伝えるべく連絡しているところ、M税理士は、上記ロの(ヘ)以降、本件調査担当職員からの連絡に一度も対応することがなかっ

たことに加え、折り返して返答することもしなかったことが認められる。この点、上記ロの㈡及び㈥のとおり、①本件調査担当職員は、請求人から、M税理士が調査結果の内容の説明を受けることに同意する旨の連絡を受けたことに伴い、当該説明の参考資料をファックスで送信していること、②M税理士は、参考資料の送信を受け、本件調査担当職員に対し、本件調査に係る所得税等や消費税等の内容に変遷があるため本件調査担当職員の話は信用できない旨述べたことなどの経緯に照らすと、M税理士は、本件調査担当職員による調査結果の内容の説明を忌避する目的で、本件調査担当職員の調査結果の内容の説明に関する連絡に応じなかったものであり、請求人は、通則法第74条の11第2項に規定する調査結果の内容の説明を受ける機会を自ら放棄したものと認められる。

また、上記イの㈠のとおり、課税処分に関する証拠収集手続に重大な違法があり、調査を全く欠くのに等しいとの評価を受ける場合には、課税処分の取消事由となると解されるところ、調査結果の内容の説明は調査終了の際の手続であって、既に行われた証拠収集手続自体に影響を及ぼすものではないことからすれば、請求人に対する本件調査に係る調査結果の内容の説明がなかったことをもって、原処分の取消事由となるべき違法があるとは認められない。

㈡　小括

以上のことからすれば、事前通知をしなかったことに違法又は不当はなく、また、原処分庁が行った新型コロナウイルス感染症に対する感染防止策は適切であることから、本件調査が不当に行われたとは認められない。さらに、調査結果の内容の説明がなかったことをもって、原処分の取消事由となるべき違法があるとは認められない。

したがって、本件調査に、原処分の取消事由となるべき違法又は不当があるとは認められない。

(2)　争点2（請求人の事業所得の金額は、推計の方法により算定すべきか否か。）について

イ　法令解釈

所得税法第156条は、税務署長は、青色申告の承認を受けた者の事業所得等の金額を除き、納税者の各年分の各種所得の金額を推計によって更正することができる旨規定しているが、この推計課税の規定は、課税庁が納税者の各種所得の金

額の計算に当たり、当該納税者の収入金額、必要経費等の実額を把握することが不可能又は著しく困難な場合等、いわゆる実額課税によって各種所得の金額を計算できない場合に、飽くまでも実額課税を補完するものとして設けられているものであり、当該納税者の保存、提示した帳簿書類等によって当該納税者の収入金額、必要経費等の実額を把握することが可能な場合には当然に推計課税によることなく、把握した収入金額、必要経費等の実額により各種所得の金額を計算することとなる。

ロ　認定事実

　　原処分関係資料並びに当審判所の調査及び審理の結果によれば、以下の事実が認められる。

(イ)　請求人は、本件ノートのほか、売上げに係る請求書の控え、本件事業に係る入出金の決済口座であるR信用組合○○支店及びS銀行○○支店の請求人名義の各普通預金口座の通帳、クレジットカード決済の利用明細、給与支払明細書の控え、R信用組合の振込伝票の控え及び現金払いの必要経費の領収書の一部を保存（以下、本件ノート以外のこれらの書類を「本件請求書控等」という。）をしていた。

(ロ)　本件調査担当職員は、本件請求書控等を基に、本件事業における収入金額を算定するとともに、事業遂行上必要と認められるものを請求人の必要経費の金額として算定した。

(ハ)　請求人は、当審判所に対し、平成25年12月31日から令和2年12月31日までの各年末日における請求人の資産、負債、事業主貸及び事業主借の各勘定科目の金額を基に、資産負債増減法により事業所得の金額を算定したとする内容の補充書を提出したが、当該補充書に記載された各金額について、算定過程が分かるような証拠資料の提出はなかった。

ハ　検討

　　上記ロの(イ)及び(ロ)のとおり、請求人は、本件ノートのほか本件請求書控等を保存しており、原処分庁はこれらの書類を基に請求人の収入金額、必要経費の各金額を把握して事業所得の金額を算定していると認められる。

　　以上のことからすると、本件調査において、請求人の収入金額、必要経費等の金額を把握することが不可能若しくは著しく困難であったとは認められず、本件

各年分における請求人の事業所得の金額を推計の方法により算定すべきものとは認められない。

ニ　請求人の主張について

　　請求人は、上記3の(2)の「請求人」欄のとおり、原処分庁が、領収書等の具体的裏付けのない費用を必要経費の一部として認め、請求人の事業所得の金額を算定したことは、必要経費の一部を推計により算定したものであるから、本件各年分における請求人の事業所得の金額についても、原処分庁が長年にわたり実務で使用した所得率や同業者比率を活用した推計の方法により算定すべきである旨主張するとともに、上記ロの(ハ)のとおり、資産負債増減法により請求人の事業所得の金額を算定した旨の補充書を当審判所に提出している。

　　しかしながら、本件各年分の請求人の事業所得の金額につき、これを推計の方法により算定する必要があると認められないことは、上記ハのとおりであり、請求人の主張を採用することはできない。

(3)　争点3（令和元年課税期間及び令和2年課税期間の消費税について、仕入税額控除が適用されるか否か。）について

イ　認定事実

　　原処分関係資料並びに当審判所の調査及び審理の結果によれば、以下の事実が認められる。

　(イ)　本件調査担当職員が、令和3年11月16日及び同月17日、請求人に消費税法第30条第7項に規定する帳簿及び請求書等の提示を求めたところ、請求人は、外注工賃やクレジットカード決済の必要経費に係る請求書等の一部は保存していたが、本件各課税期間の本件事業に係る帳簿は作成していなかった。

　(ロ)　本件ノートには、おおむね、左頁には作業日付ごとの作業内容、従業員の出勤状況及び日給額が、右頁には月ごとの売上先別の売上金額及びその入金月日、外注工賃支払先別の金額及びその支払月日並びに従業員別の給与明細が記載されていた。

ロ　検討

　　上記イの(イ)のとおり、請求人は、請求書等の一部は保存していたものの、本件各課税期間の本件事業に係る帳簿は作成していなかった。

　　また、上記イの(ロ)のとおり、本件ノートには消費税法第30条第8項第1号に規

定する課税仕入れを行った年月日及び課税仕入れに係る役務の内容が記載されて
おらず、加えて、外注工賃支払先については略称などで記載されており、課税仕
入れの相手先を特定できないことから、本件ノートは消費税法第30条第8項に規
定する帳簿の要件を満たしていないと認められる。

　これらのことからすると、請求人については、消費税法第30条第7項に規定す
る事業者が当該課税期間の課税仕入れの税額の控除に係る帳簿を保存しない場合
に該当する。

　そして、請求人においては、課税仕入れの税額の控除に係る帳簿を保存するこ
とができなかったことについて、消費税法第30条第7項ただし書に規定する「災
害その他やむを得ない事情」も認められない。

　したがって、令和元年課税期間及び令和2年課税期間の消費税について、仕入
税額控除は適用されない。

ハ　請求人の主張について

　請求人は、上記3の(3)の「請求人」欄のとおり、本件調査担当職員の求めに応
じて本件ノートを提示していること、また、提示した資料によって、課税仕入れ
の年月日等の情報を確認し、原処分庁は仕入税額を把握できたのだから、仕入税
額控除が適用されるべきである旨主張する。

　しかしながら、課税仕入れの年月日等の情報を確認できたとしても、請求人が
帳簿を作成していなかったこと及び本件ノートが消費税法第30条第8項に規定す
る帳簿に該当しないことは、上記ロのとおりであるから、この点に関する請求人
の主張には理由がない。

　また、請求人は、当初調査結果説明の際に、原処分庁は令和元年課税期間及び
令和2年課税期間の消費税について仕入税額控除を認めていたのであるから、仕
入税額控除を適用すべきである旨主張する。

　しかしながら、仕入税額控除が適用されるか否かは、消費税法第30条の規定に
該当しているか否かで判断すべきであり、請求人の令和元年課税期間及び令和2
年課税期間の消費税について仕入税額控除が認められないことは、上記ロのとお
りである。

　したがって、この点に関する請求人の主張には理由がない。

(4)　争点4（請求人の本件各年分の所得税等及び本件各課税期間の消費税等について、

通則法第68条第１項に規定する「隠蔽し、又は仮装し」に該当する事実があるか否か。）について

イ　法令解釈

　　　通則法第68条第１項に規定する重加算税の制度は、納税者が過少申告をするについて隠蔽、仮装という不正手段を用いていた場合に、過少申告加算税よりも重い行政上の制裁を科することによって、悪質な納税義務違反の発生を防止し、もって申告納税制度による適正な徴税の実現を確保しようとするものである。

　　　したがって、重加算税を課するためには、納税者のした過少申告行為そのものが隠蔽、仮装に当たるというだけでは足りず、過少申告行為そのものとは別に、隠蔽、仮装と評価すべき行為が存在し、これに合わせた過少申告がされたことを要するものである。しかし、上記の重加算税制度の趣旨に鑑みれば、架空名義の利用や資料の隠匿等の積極的な行為が存在したことまで必要であると解するのは相当でなく、納税者が、当初から所得を過少に申告することを意図し、その意図を外部からもうかがい得る特段の行動をした上、その意図に基づく過少申告をしたような場合には、重加算税の上記賦課要件が満たされるものと解すべきである（最高裁平成７年４月28日第二小法廷判決・民集49巻４号1193頁参照）。

ロ　認定事実

　　　原処分関係資料並びに当審判所の調査及び審理の結果によれば、以下の事実が認められる。

　(イ)　請求人は、本件事業に係る入出金の管理や通帳記帳などの全てを自ら行っていた。

　(ロ)　請求人は、現金払いの必要経費について、領収書等が発行されないものが一部あり、上記(2)のロの(イ)のとおり、領収書の一部しか保存せず、また、現金払いの必要経費の内容を帳簿等に記録していなかった。

　(ハ)　請求人は、上記(3)のイの(ロ)のとおり、本件ノートに月ごとの売上金額、外注工賃、給与明細などを記載しており、それらの中には、請求書の控えのない売上げや領収書の保存のない外注工賃が含まれていた。

　(ニ)　請求人は、本件各年分の所得税等の確定申告において、上記１の(3)のイの(ハ)のなお書のとおり、「収入金額等」欄の各欄に金額を記載せず申告したが、事業所得の金額については、別表３の「⑥申告割合（④／③）」欄のとおり、原

処分庁が認定した事業所得の金額の○○％から○○％までに相当する金額で申告した。

(ホ) 請求人が本件各年分の所得税等の確定申告において、現金払いの必要経費であるとした金額（以下「本件必要経費」という。）は、別表3の「⑤本件必要経費（③－④）」欄のとおり、平成26年分は○○○○円、平成27年分は○○○○円、平成28年分は○○○○円、平成29年分は○○○○円、平成30年分は○○○○円、令和元年分は○○○○円、令和2年分は○○○○円で、その総額は○○○○円となり、原処分庁が認定した本件各年分の事業所得の金額に占める本件必要経費の割合は、別表3の「⑦認定所得金額に占める本件必要経費の割合（⑤／③）」欄のとおり、○○％から○○％までに相当する。

(ヘ) 請求人は、事前に作成した確定申告用のメモをK商工会に持参したものの、本件ノートは持参せず、対応した同会の職員に対し、所得金額の算定過程について相談はしていなかった。

ハ 検討及び請求人の主張について

(イ) 原処分庁は、上記3の(4)の「原処分庁」欄のとおり、請求人の申述を基に、請求人が本件申告書作成作業の後に本件集計表及び本件集計メモを廃棄したことは、通則法第68条第1項に規定する「隠蔽し、又は仮装し」に該当する事実があると主張する。これに対し、請求人は、上記3の(4)の「請求人」欄のとおり、本件記録書の内容には誤りがある旨主張するため、本件記録書に記載された請求人の申述内容の信用性について、以下検討する。

A 原処分庁は、上記1の(3)のロの(ロ)のAのとおり、請求人が、請求書の控えから月ごと及び1年間の収入金額を集計し、科目ごとに1年間の必要経費の金額を集計して、当該各集計額を記載して本件集計表を作成した旨申述したとしているところ、請求人は、上記3の(4)の「請求人」欄のとおり、本件ノートから1年間の売上げを集計し、その集計額をメモ用紙のようなものに記載した旨主張する。

そこで、原始記録と本件ノートの記載内容を確認したところ、上記ロの(ハ)のとおり、本件ノートには、請求書の控えのない売上げや領収書等の保存がない外注工賃も記載されていることが認められ、上記(3)のイの(ロ)のとおり、作業日付ごとの作業内容、従業員の出勤状況及び日給額が記載されているこ

とを踏まえると、本件ノートは、帳簿とまでは評価することはできないものの、請求人が本件事業における日々の稼働状況を記録したものと推認できる。

　そして、上記(3)のイの(ロ)及び上記ロの(ハ)の本件ノートの記載状況を踏まえると、確定申告書を作成するために収入金額及び必要経費の金額を集計する方法としては、申述にあるように原始記録から１年間の収入金額及び必要経費の金額を集計するよりも、請求人が主張するように、売上げ、外注工賃及び給与賃金に関する情報が既に記載されている本件ノートを基に集計する方が、自然かつ合理的であると推認される。

　また、請求人は、本件集計表により真実の必要経費の金額を把握していた旨申述したとしているが、上記ロの(ロ)のとおり、必要経費については、領収書の一部しか保存せず、現金払いの必要経費の内容も帳簿等に記録していないことから、請求人が必要経費の金額を正確に把握できる状況にはなかった。そうすると、請求人が真実の必要経費の金額を把握していたとする申述内容と矛盾していることが認められ、この点についての申述は信用性に欠けるといわざるを得ない。

B　つぎに、原処分庁は、上記１の(3)のロの(ロ)のBのとおり、請求人が、真実の収入金額に任意の割合を乗じて算定した、うその収入金額から真実の必要経費の金額を差し引き、その結果が目安とする所得金額となれば、それを申告用の所得金額として本件集計メモに記載した旨申述したとしている。しかしながら、請求人が正確な必要経費の金額を把握できる状況にないことは、上記Aのとおりであり、この点についての申述は信用性に欠けるといわざるを得ない。

C　つぎに、原処分庁は、請求人が、上記１の(3)のロの(ロ)のCのとおり、税務調査を受けた場合に所得金額を意図的に少なく申告したことが露見すると考え、本件申告書作成作業の後に本件集計表及び本件集計メモを廃棄していた旨申述したとしているところ、請求人は、本件申告用資料は本件各確定申告書を作成した後に必要がなくなったから廃棄した旨主張する。

　この点については、原処分庁が主張する本件集計表及び本件集計メモあるいは請求人が主張する本件申告用資料を廃棄したことに当事者間に争いはなく、その実物を確認することはできないが、上記A及びBのとおり、本件集

計表及び本件集計メモを作成したとする請求人の申述については、信用性に欠けるといわざるを得ないことから、これらを廃棄した理由についての申述も信用性は認めがたい。

D　以上のことからすると、請求人が主張する本件申告用資料は、請求人が集計過程を備忘的かつ一時的に記載した手控えと認めるのが相当であり、原処分庁が主張する、請求人が本件申告書作成作業の後に本件集計表及び本件集計メモを廃棄したことのみをもって、通則法第68条第1項に規定する「隠蔽し、又は仮装し」に該当する事実と認めることはできない。

　　　　したがって、この点に関する原処分庁の主張には理由がない。

(ロ)　つぎに、原処分庁は、上記3の(4)の「原処分庁」欄のとおり、請求人が正しい収入金額を把握していたにもかかわらず、本件各課税期間の消費税等の各確定申告書に過少の課税売上高を記載し、本件集計表に基づかず過少な事業所得の金額を記載した本件集計メモに基づき本件各年分の所得税等の各確定申告書を作成していたなどの一連の行動は、過少申告の意図を外部からもうかがい得る特段の行動であるから、請求人には、通則法第68条第1項に規定する「隠蔽し、又は仮装し」に該当する事実が認められる旨主張するため、この点について、以下検討する。

A　所得税等について

(A)　上記(2)のロの(イ)及び上記ロの(イ)のとおり、請求人は、本件事業において、①本件請求書控等を保存し、②入出金の管理や通帳記帳も自ら行い、③本件ノートを記載していたのであるから、それによって、本件事業に係る収入金額、必要経費及び事業所得の金額については、おおむね把握していたと推認される。

　　　　それにもかかわらず、請求人は、上記ロの(ニ)のとおり、原処分庁が認定した本件各年分の事業所得の金額の○○％から○○％までに相当する金額を本件各年分の事業所得の金額とする本件各年分の所得税等の確定申告をした。

(B)　請求人は、上記(イ)のAのとおり、本件ノートを基に収入金額や必要経費の集計を行っていたと推認されるところ、請求人は、本件申告書作成作業のために、本件事業に関し、領収書が保存されたもの以外にも現金支出が

— 26 —

あったとして、収入金額から本件必要経費を差し引いた金額を、本件事業に係る収入金額（以下「本件申告作業用収入金額」という。）としていたと認められる。

　請求人は、本件必要経費について、その内訳は地方出張の際の宿泊費や現金払いの備品購入代などである旨主張しているところ、上記ロの(ロ)及び(ホ)のとおり、本件必要経費に係る領収書等は一部しか保存されておらず、請求人は、その内容の記録がないのにもかかわらず、本件各年分の本件必要経費として7年間で総額○○○○円を収入金額から差し引いていた。この場合、原処分庁が認定した本件各年分の事業所得の金額に占める本件必要経費の割合は、別表3の「⑦認定所得金額に占める本件必要経費の割合（⑤／③）」欄のとおり、○○％から○○％までに上ることとなる。

　このように、原処分庁が認定した本件各年分の事業所得の金額と比較して、本件必要経費が大きな割合を占めているところ、請求人は、上記ロの(ロ)のとおり、現金払いの必要経費について領収書等が発行されないものが一部あり、これを理由に、領収書等が発行されたとしてもその大部分を保存しようともせず、さらに、領収書等が発行されなかった必要経費に係る帳簿等を作成することもしなかったと認めるのが相当である。そうすると、請求人は、あえて本件必要経費について1年間の正しい金額を把握しようとしなかったと推認できる。

　そして、請求人は、根拠もなく本件各年分7年間の合計で○○○○円といった膨大な金額を本件必要経費として収入金額から差し引いた金額である本件申告作業用収入金額に基づき、本件申告書作成作業に必要な金額を確定申告用のメモに記載していたことが認められる。

(C)　請求人は、上記(A)のとおり、本件各年分の本件事業に係る収入金額、必要経費及び事業所得の金額をおおむね把握していたにもかかわらず、原処分庁が認定した本件各年分の事業所得の金額と比べ、最大でも5割程度となる過少な所得金額を記載した本件各年分の所得税等の各確定申告書を継続的に提出し続けていたと認められる。

　そして、請求人は、上記(B)のとおり、7年間もの長期にわたり、根拠のない膨大な金額を本件必要経費として、収入金額から差し引いた金額であ

る本件申告作業用収入金額に基づき算定した金額を確定申告用のメモに記載して、本件申告書作成作業により本件各年分の所得税等の各確定申告書を作成し、また、事業所得の金額の算定根拠となる収支内訳書を確定申告書に添付することをせず、さらに、本件事業に係る帳簿の作成や領収書等の原始記録の保存も怠っていたことが認められる。

これらの請求人の一連の行動に加え、上記ロの㈭のとおり、請求人が、本件申告書作成作業に当たり、K商工会に本件ノートを持参せず、自身が作成した確定申告用のメモのみを持参し、同会の職員に対し、所得金額の算定過程について相談していないことも併せ考慮すれば、請求人は、本件各年分の所得税等の申告において、当初から所得を過少に申告することを意図し、その意図を外部からもうかがい得る特段の行動をしたと評価するのが相当である。

B　消費税等について

上記Aの事情によれば、請求人は、本件必要経費を本件各年分の収入金額から差し引き、本件申告作業用収入金額を算定していたことが認められ、この本件申告作業用収入金額を基に算定した本件各課税期間の消費税の課税標準額を確定申告用のメモに記載して申告していたと認められる。

また、請求人は、平成17年課税期間から消費税等の申告をしており、本件各課税期間においては、K商工会から消費税等の確定申告書の作成について指導を受けて自ら作成していたことを考慮すると、消費税の簡易課税制度の内容について、十分に知っていたと推認される。

そうすると、請求人が、消費税の簡易課税制度の内容について知りながら、根拠のない膨大な金額である本件必要経費を本件各年分の収入金額から差し引いて、本件申告作業用収入金額を算定し、これを基に本件各課税期間の課税標準額を算定していたと認められる。

このように、確定申告に係る消費税の課税標準額と真実の課税標準額との開差が大きいことは、一般的に、当該納税者の故意を相当程度推認し得る事実といえ、請求人が、本件必要経費を本件各年分の収入金額から差し引いた金額を基に本件申告作業用収入金額を算定し、これを基に本件各課税期間の課税標準額を算定していたことは、上記Aと同様に、本件各課税期間におけ

る消費税等の申告において、当初から課税標準額及び税額を過少に申告することを意図し、その意図を外部からもうかがい得る特段の行動をしたと評価するのが相当である。

(ハ) 小括

　上記(イ)で検討したとおり、原処分庁が通則法第68条第1項に規定する「隠蔽し、又は仮装し」に該当する事実について、請求人の申述のみをもって認定することはできないが、上記(ロ)で検討したとおり、請求人は、当初から所得を過少に申告することを意図し、その意図を外部からもうかがい得る特段の行動をした上、その意図に基づく過少申告をしたような場合に該当するというべきであるから、本件各年分の所得税等及び本件各課税期間の消費税等について、通則法第68条第1項に規定する重加算税の賦課要件を満たすと認められる。

(5) 争点5（請求人に、通則法第70条第5項第1号に規定する「偽りその他不正の行為」に該当する事実があるか否か。）について

イ　法令解釈

　通則法第70条は、国税の更正、決定等の期間制限を定めているところ、同条第5項において「偽りその他不正の行為」によりその全部若しくは一部の税額を免れた国税についての更正決定等の除斥期間を7年と規定し、それ以外の場合よりも長い除斥期間を規定している。これは、偽りその他不正の行為によって国税の全部又は一部を免れた納税者がある場合に、これに対して適正な課税を行うことができるよう、より長期の除斥期間を規定したものである。

　このような通則法第70条第5項の趣旨からすれば、同項が規定する「偽りその他不正の行為」とは、ほ脱の意思をもってその手段として税の賦課徴収を不能又は著しく困難にするような何らかの偽計その他の工作を伴う不正な行為をいうと解するのが相当である。

ロ　当てはめ及び請求人の主張について

　請求人は、上記3の(5)の「請求人」欄のとおり、請求人に「偽りその他不正の行為」に該当する事実はない旨主張するところ、本件についてみると、上記(4)のとおり、請求人が本件事業における利益をおおむね把握していたにもかかわらず、原処分庁が認定した本件各年分の事業所得の金額と比べ、最大でも5割程度という殊更に過少な所得金額のみを確定申告書に記載し、本件事業に係る所得金額を

算定するために必要な収入金額や必要経費の金額を記載する収支内訳書の作成も行わなかったという請求人の一連の行為は、税の賦課徴収を不能又は著しく困難にするような何らかの偽計その他の工作を伴う不正な行為と認められるから、請求人には、平成26年分及び平成27年分の所得税等並びに平成26年課税期間及び平成27年課税期間の消費税等について、通則法第70条第5項第1号に規定する「偽りその他不正の行為」に該当する事実があったものと認められる。

　　　　したがって、請求人の主張には理由がない。

(6)　原処分の適法性について

　イ　本件所得税等各更正処分の適法性について

　　　　上記(1)のハのとおり、本件調査に、原処分の取消事由となるべき違法又は不当はなく、上記(2)のハのとおり、請求人の本件各年分の事業所得の金額の算定について、所得税法第156条に規定する推計の方法によるべきとは認められない。

　　　　これに基づき、当審判所において、請求人の本件各年分の総収入金額及び納付すべき税額を計算すると、いずれも本件所得税等各更正処分の金額と同額となる。

　　　　また、本件所得税等各更正処分のその他の部分について、請求人は争わず、当審判所に提出された証拠資料等によっても、これを不相当とする理由は認められない。

　　　　したがって、本件所得税等各更正処分はいずれも適法である。

　ロ　本件消費税等各更正処分の適法性について

　　　　上記(3)のロのとおり、請求人の令和元年課税期間及び令和2年課税期間の消費税について、仕入税額控除は適用できない。

　　　　これに基づき、当審判所において、請求人の本件各課税期間の消費税の課税標準額及び納付すべき税額並びに地方消費税の納付すべき税額を計算すると、いずれも本件消費税等各更正処分の金額と同額となる。

　　　　また、本件消費税等各更正処分のその他の部分について、請求人は争わず、当審判所に提出された証拠資料等によっても、これを不相当とする理由は認められない。

　　　　したがって、本件消費税等各更正処分はいずれも適法である。

　ハ　本件所得税等各賦課決定処分の適法性について

　　　　上記イのとおり、本件所得税等各更正処分は適法であり、上記(4)のハの(ハ)のと

おり、本件各年分の所得税等については、請求人に通則法第68条第１項に規定する隠蔽又は仮装の行為があったと認められるため、同項所定の重加算税の賦課要件を満たすものということができる。

　そして、当審判所において請求人の本件各年分の所得税等に係る重加算税の額を計算すると、いずれも本件所得税等各賦課決定処分の金額と同額となる。

　したがって、本件所得税等各賦課決定処分はいずれも適法である。

ニ　本件消費税等各賦課決定処分の適法性について

　上記ロのとおり、本件消費税等各更正処分は適法であり、上記(4)のハの(ハ)のとおり、本件各課税期間の消費税等については、請求人に通則法第68条第１項に規定する隠蔽又は仮装の行為があったと認められるため、同項所定の重加算税の賦課要件を満たすものということができる。

　また、令和元年課税期間及び令和２年課税期間の消費税等の過少申告加算税の各賦課決定処分については、当該各課税期間の各更正処分により納付すべき税額の計算の基礎となった事実がこれらの処分前の税額の計算の基礎とされていなかったことについて、通則法第65条第４項に規定する正当な理由があるとは認められない。

　そして、当審判所において本件各課税期間の消費税等に係る過少申告加算税及び重加算税の額を計算すると、いずれも本件消費税等各賦課決定処分の金額と同額となる。

　したがって、本件消費税等各賦課決定処分はいずれも適法である。

(7)　結論

　よって、審査請求は理由がないから、いずれも棄却することとする。

別表 1 　審査請求に至る経緯（所得税等）（省略）

別表 2 　審査請求に至る経緯（消費税等）（省略）

別表 3 　事業所得の内容等（省略）

別紙

関係法令等

1 国税通則法関係

 (1) 国税通則法（以下「通則法」という。）第68条（平成28年12月31日以前に法定申告期限が到来した国税については、平成28年法律第15号による改正前のもの。以下同じ。）《重加算税》第１項は、同法第65条《過少申告加算税》第１項の規定に該当する場合において、納税者がその国税の課税標準等又は税額等の計算の基礎となるべき事実の全部又は一部を隠蔽し、又は仮装し、その隠蔽し、又は仮装したところに基づき納税申告書を提出していたときは、当該納税者に対し、政令で定めるところにより、過少申告加算税の額の計算の基礎となるべき税額に係る過少申告加算税に代え、当該基礎となるべき税額に100分の35の割合を乗じて計算した金額に相当する重加算税を課する旨規定している。

 (2) 通則法第70条《国税の更正、決定等の期間制限》第５項柱書及び同項第１号は、同条第１項の規定にかかわらず、偽りその他不正の行為によりその全部又は一部の税額を免れた国税についての更正又は決定は当該国税の法定申告期限から、当該国税に係る加算税の賦課決定はその納税義務の成立の日から、それぞれ７年を経過する日まですることができる旨規定している。

 (3) 通則法第74条の９《納税義務者に対する調査の事前通知等》第１項は、税務署長は、税務署等の当該職員（以下「当該職員」という。）に納税義務者に対し実地の調査において質問検査等を行わせる場合には、あらかじめ、当該納税義務者（当該納税義務者について税務代理人がある場合には、当該税務代理人を含む。）に対し、その旨並びに質問検査等を行う実地の調査を開始する日時、同調査を行う場所、同調査の目的、同調査の対象となる税目、同調査の対象となる期間、同調査の対象となる帳簿書類その他の物件及びその他同調査の適正かつ円滑な実施に必要なものとして政令で定める事項を通知するものとする旨規定している（以下、この規定による通知を「事前通知」という。）。

 (4) 通則法第74条の10《事前通知を要しない場合》は、同法第74条の９第１項の規定にかかわらず、税務署長等が調査の相手方である納税義務者の申告若しくは過去の

— 33 —

調査結果の内容又はその営む事業内容に関する情報その他税務署等が保有する情報に鑑み、違法又は不当な行為を容易にし、正確な課税標準等又は税額等の把握を困難にするおそれその他国税に関する調査の適正な遂行に支障を及ぼすおそれがあると認める場合には、事前通知を要しない旨規定している。

(5) 通則法第74条の11《調査の終了の際の手続》第2項は、国税に関する調査の結果、更正決定等をすべきと認める場合には、当該職員は、当該納税義務者に対し、その調査結果の内容（更正決定等をすべきと認めた額及びその理由を含む。）を説明するものとする旨規定している。

(6) 平成24年9月12日付課総5-9ほか9課共同「国税通則法第7章の2（国税の調査）等関係通達の制定について（法令解釈通達）」（令和4年6月24日課総10-9ほか6課共同国税庁長官通達による改正前のもの。以下「調査手続通達」という。）5-9《「違法又は不当な行為を容易にし、正確な課税標準等又は税額等の把握を困難にするおそれ」があると認める場合の例示》は、通則法第74条の10に規定する「違法又は不当な行為を容易にし、正確な課税標準等又は税額等の把握を困難にするおそれ」があると認める場合とは、事前通知をすることにより、納税義務者において、調査に必要な帳簿書類その他の物件を破棄し、移動し、隠匿し、改ざんし、変造し、又は偽造することが合理的に推認される場合などをいう旨定めている。

2 所得税法関係

所得税法第156条《推計による更正又は決定》は、税務署長は、居住者に係る所得税につき更正又は決定をする場合には、その者の財産若しくは債務の増減の状況、収入若しくは支出の状況又は生産量、販売量その他の取扱量、従業員数その他事業の規模によりその者の各年分の各種所得の金額又は損失の金額（その者の提出した青色申告書に係る年分の不動産所得の金額、事業所得の金額及び山林所得の金額並びにこれらの金額の計算上生じた損失の金額を除く。）を推計して、これをすることができる旨規定している。

3 消費税法関係

(1) 消費税法第30条《仕入れに係る消費税額の控除》第1項柱書及び同項第1号は、事業者（同法第9条《小規模事業者に係る納税義務の免除》第1項本文の規定により消費税を納める義務が免除される事業者を除く。）が、国内において行う課税仕入れについては、課税仕入れを行った日の属する課税期間の課税標準額に対する消

費税額から、当該課税期間中に国内において行った課税仕入れに係る消費税額を控除する旨規定している（以下、当該控除を「仕入税額控除」という。）。

(2)　消費税法第30条第7項本文は、同条第1項の規定は、事業者が当該課税期間の課税仕入れ等の税額の控除に係る帳簿及び請求書等を保存しない場合には、当該保存がない課税仕入れに係る課税仕入れ等の税額については、適用しない旨規定し、また、同条第7項ただし書は、災害その他やむを得ない事情により、当該保存をすることができなかったことを当該事業者において証明した場合は、この限りでない旨規定している。

事例2 （更正の請求　通常の事由）

> 　給与を返還した場合には源泉徴収の規定により正当に徴収された又はされるべき所得税等の額も減少するとした事例（①平成28年分の所得税及び復興特別所得税の更正の請求に対する理由なし通知処分、②平成29年分の所得税及び復興特別所得税の更正の請求に対する理由なし通知処分・①一部取消し、②棄却・令和5年4月12日裁決）
>
> 《ポイント》
> 　本事例は、給与の返還に伴って源泉徴収の規定により正当に徴収された又はされるべき所得税等の額が減少した場合には、その減少後の正当に徴収された又はされるべき所得税等の額を超える金額を算出所得税額から控除し、又は還付を受けることはできないとしたものである。

《要旨》
　請求人は、役員給与につき源泉徴収された所得税等（本件各源泉所得税）について、当該役員給与を一部返還したことにより過大となったにもかかわらず、源泉徴収義務者が源泉徴収税額の精算をしない場合には、源泉徴収義務者が請求人に役員給与を支払う際に徴収した源泉所得税を国は収納し利益を得ているのであるから、所得税法（平成31年法律第6号による改正前のもの）第120条《確定所得申告》第1項第5号の「源泉徴収された又はされるべき所得税の額」は、実際に源泉徴収された所得税等の額と解するのが相当であり、請求人は、本件の各更正の請求により本件各源泉所得税の額の還付を受けることができる旨主張する。

　しかしながら、同号にいう「源泉徴収をされた又はされるべき所得税の額」とは、所得税法の源泉徴収の規定に基づき正当に徴収をされた又はされるべき所得税等の額を意味するものであり、役員給与が減額された以上、源泉徴収の規定により正当に徴収された又はされるべき所得税等の額も減少するのであるから、請求人が主張する事情があったとしても、請求人は、本件の各更正の請求において、本件各源泉所得税の額のうち、「正当に徴収された又はされるべき所得税等の額」を超える金額を算出所得税額から控除し、又は還付を受けることはできない。

　なお、原処分庁は、請求人の源泉徴収による所得税等の額は原処分庁ではなく源泉徴

収義務者が再計算すべきものであり、また、請求人は源泉徴収義務者が発行した訂正後の源泉徴収票又はこれに代わる書類を提出していないから、源泉徴収義務者によって再計算された請求人の給与所得に係る源泉徴収された所得税等の額や所得控除の額を確認することができない旨主張する。

　しかしながら、所得税法第120条第1項第5号の「正当に徴収された又はされるべき所得税等の額」の意味を踏まえると、請求人が本件の各更正の請求に関して提出した資料から正当に徴収されるべき所得税等の額が計算できる場合には、その計算をした所得税等の額を基に確定申告書に記載された納付すべき税額が過大となっているか否かを判断することが相当である。

《参照条文等》
　国税通則法第23条第1項
　所得税法第120条第1項第5号（平成31年法律第6号による改正前のもの）

《参考判決・裁決》
　最高裁平成4年2月18日第三小法廷判決（民集46巻2号77頁）
　東京高裁昭和55年10月27日判決（訟月27巻1号211頁）
　平成24年12月20日裁決（裁決事例集 No.89）

（令和5年4月12日裁決）

《裁決書（抄）》

1 事　実

（1）事案の概要

　　本件は、法人の代表取締役であった審査請求人（以下「請求人」という。）が、当該法人から役員報酬等の一部について不当利得返還請求訴訟を提起され、認容判決を受けたことに伴い当該法人に役員報酬等の一部を返還した後、当該返還した役員報酬等に係る源泉徴収税額が過大であるとして所得税等の更正の請求をしたところ、原処分庁が、納付すべき税額が過大であったとは認められないなどとして、更正をすべき理由がない旨の通知処分を行ったことに対し、請求人がその処分の全部の取消しを求めた事案である。

（2）関係法令

　イ　国税通則法（以下「通則法」という。）第23条《更正の請求》第1項第1号は、納税申告書を提出した者は、当該申告書に記載した課税標準等若しくは税額等の計算が国税に関する法律の規定に従っていなかったこと又は当該計算に誤りがあったことにより、当該申告書の提出により納付すべき税額が過大であるときは、当該申告書に係る国税の法定申告期限から5年以内に限り、税務署長に対し、その申告に係る課税標準等又は税額等につき更正をすべき旨の請求をすることができる旨規定している。

　ロ　所得税法（平成31年法律第6号による改正前のもの）第120条《確定所得申告》第1項第5号は、居住者は、その年分の総所得金額、退職所得金額及び山林所得金額の合計額が雑損控除その他の控除の額の合計額を超えるなど一定の場合において、同法第123条《確定損失申告》第1項の規定による申告書を提出する場合を除き、その年の翌年の2月16日から3月15日までの期間において、税務署長に対し、総所得金額若しくは退職所得金額又は純損失の金額の計算の基礎となった各種所得につき源泉徴収をされた又はされるべき所得税の額がある場合には、算出所得税額からその源泉徴収をされた又はされるべき所得税の額を控除した金額を記載した申告書を提出しなければならない旨規定している。

（3）基礎事実

　　当審判所の調査及び審理の結果によれば、以下の事実が認められる。

イ　請求人について

　(イ)　請求人は、平成26年6月○日から平成29年11月○日までの間、F社（以下「本件法人」という。）の代表取締役であり、本件法人から役員報酬及び賞与（以下、これらを併せて「役員給与」という。）の支給を受けていた。

　(ロ)　請求人は、本件法人から役員給与の支給を受ける際、平成28年分の所得税及び復興特別所得税（以下「所得税等」という。）として○○○○円を、平成29年分（以下、平成28年分と併せて「本件各年分」という。）の所得税等として○○○○円をそれぞれ本件法人により源泉徴収された（以下、請求人が本件法人に源泉徴収された本件各年分の所得税等を「本件各源泉所得税」という。）。

　(ハ)　請求人は、本件各年分の所得税等の各確定申告書（以下「本件各当初申告書」という。）を別表1の「確定申告」欄のとおり提出した。

　　　なお、本件各当初申告書の所得税等の源泉徴収税額欄に記載された金額には、本件各源泉所得税の額が含まれている。

ロ　役員給与の返還について

　(イ)　本件法人の株主であったG（なお、同人は、平成29年○月○日に本件法人の代表取締役となった。）は、平成29年○月○日、本件法人を被告として、平成27年○月から平成29年○月までの請求人の毎月の役員報酬を月額○○万円から○○万円に増額する内容の株主総会決議、平成27年○月及び平成28年○月に各○○万円の賞与を請求人に支給する内容の株主総会決議、並びに平成28年○月及び平成29年○月に各○○円の賞与を請求人に支給する内容の株主総会決議が存在しなかったことの確認を求め、H地方裁判所J支部に提訴した。その後、G、本件法人及び請求人の間で、平成30年○月○日、上記各株主総会決議がいずれも存在しなかったという事実を相互に確認する内容の和解が成立した。

　(ロ)　本件法人は、請求人に対し、上記(イ)の和解内容を基に、平成27年○月から平成29年○月までに請求人が受領した役員報酬の増額分及び各賞与の額の合計額○○○○円（以下「本件役員給与」という。）について、平成30年○月○日、H地方裁判所J支部に不当利得返還請求訴訟を提起した。

　(ハ)　H地方裁判所J支部は、令和2年○月○日、上記(ロ)の訴訟において、請求人に本件役員給与の返還を命ずる判決を言い渡した。請求人はこれに対しK高等裁判所に控訴したものの、令和3年○月○日、これを取り下げたことから、上

記判決は確定した。

　　㈡　請求人は、令和3年○月○日、本件法人に対して、本件役員給与相当額を支
　　　払った。

(4)　審査請求に至る経緯

　　イ　請求人は、令和3年4月8日、更正の請求をする理由等の欄に「不当利得返還
　　　請求訴訟により確定した役員報酬の一部返還による。」と記載した本件各年分の
　　　所得税等の更正の請求書を原処分庁へ提出した（以下、本件各年分の所得税等の
　　　更正の請求を「本件各更正の請求」という。）。

　　ロ　原処分庁は、本件各更正の請求に対し、令和4年3月10日付で、更正をすべき
　　　理由がない旨の各通知処分（以下「本件各通知処分」という。）を行った。

　　ハ　請求人は、本件各通知処分に不服があるとして、令和4年5月9日に審査請求
　　　をした。

2　争　点

　　本件各更正の請求は、通則法第23条第1項の規定による更正の請求ができる場合に
　該当するか否か。具体的には、本件役員給与の返還後において、本件各源泉所得税の
　額が所得税法第120条第1項第5号に規定する「源泉徴収をされた又はされるべき所
　得税の額」に該当することを理由に、本件各更正の請求により本件各年分の算出所得
　税額から控除し又は還付を受けることができるか否か。

3　争点についての主張

請求人	原処分庁
請求人の税負担は、役員給与が減額され　た一方で源泉徴収税額が減額されていない　ことにより過大となっているところ、原処　分は、税額等が過大だった場合に税務署長　の処分を待って適正な租税負担とするとい　う通則法第23条の趣旨に反し、また、応能　負担の原則から乖離した違法なものであ　る。 　請求人は、過大となった源泉徴収税額に	「源泉徴収をされた又はされるべき所得　税の額」（所得税法第120条第1項第5号）　は、正当に徴収された又はされるべき所得　税等の額を意味すると解されているとこ　ろ、源泉徴収による所得税等の納税に関　し、国と法律関係を有するのは源泉徴収義　務者のみで、国とその所得の受給者との間　には直接の法律関係を生じないのであるか　ら、給与の受給者である請求人と国との間

ついて、本件法人に対しその返還を求めたが、本件法人はこれに応じず、請求人は原処分庁に対しても「源泉徴収票不交付の届出書」を提出するとともに本件法人に対する行政指導を求めたが是正には至らなかったところ、本件のように源泉徴収義務者が源泉徴収税額の精算をしない場合は、給与の受給者が源泉徴収義務者に対して支払った源泉所得税を国は収納し利益を得ているのであるから、所得税法第120条第1項第5号の「源泉徴収された又はされるべき所得税の額」は、実際に源泉徴収された所得税等の額と解するのが相当である。

そうすると、本件各源泉所得税の額は、本件各年分の算出所得税額から控除することになり、請求人が提出した本件各当初申告書に記載した課税標準等又は税額等の計算は、国税に関する法律の規定に従っていなかったこと又は当該計算に誤りがあったことにより、当該申告書の提出により納付すべき税額が過大であるときに該当するから、請求人は、本件各更正の請求により本件各源泉所得税の額の還付を受けることができる。

なお、地方税においては、請求人に対して後発的事由による所得減を事由とした市民税・県民税額決定がされているから、国税においても、通則法第23条を適用して請求人の過大となっている租税負担について

で源泉徴収による所得税等の徴収過不足額を精算することはできない。

したがって、通則法第23条第1項第1号及び第3号に規定する「納税申告書に記載した課税標準等若しくは税額等の計算が国税に関する法律の規定に従っていなかったこと又は当該計算に誤りがあったことにより、当該申告書の提出により納付すべき税額が過大である」とは認められないから、請求人は、本件各更正の請求により本件各源泉所得税の額の還付を受けることはできない。

なお、個人道府県民税及び個人市町村民税の賦課決定は地方税当局の判断に委ねられるものであり、その金額が変更されたとしても、原処分の内容に影響を及ぼすものではない。

適正な処分を行う必要がある。	

4 当審判所の判断

 (1) 法令解釈

　イ　通則法第23条第1項第1号は、納税申告書に記載した課税標準等若しくは税額等の計算が国税に関する法律の規定に従っていなかったこと又は当該計算に誤りがあったことにより、当該申告書の提出により納付すべき税額が過大であるときには、更正の請求をすることができる旨規定しているところ、同号の納付すべき税額が過大であるという実体的要件が満たされているか否かについては、各租税実体法の定めるところによって判断すべきものと解される。

　ロ　所得税法第120条第1項第5号にいう「源泉徴収をされた又はされるべき所得税の額」とは、所得税法の源泉徴収の規定に基づき正当に徴収をされた又はされるべき所得税の額を意味するものであり、給与その他の所得についてその支払者がした所得税の源泉徴収に誤りがある場合に、その受給者が、所得税の確定申告の手続において、支払者が誤って徴収した金額を算出所得税額から控除し又は当該誤徴収額の全部若しくは一部の還付を受けることはできないと解するのが相当である（最高裁平成4年2月18日第三小法廷判決・民集46巻2号77頁参照）。

　ハ　所得税法上、源泉所得税について徴収・納税の義務を負う者は源泉徴収の対象となるべき所得の支払者とされ、その納税義務は、当該所得の受給者に係る申告所得税の納税義務とは別個のものとして成立、確定し、これと並存するものであり、そして、源泉所得税の徴収・納付に不足がある場合には、不足分について、税務署長は源泉徴収義務者たる支払者から徴収し（所得税法第221条《源泉徴収に係る所得税の徴収》）、支払者は源泉納税義務者たる受給者に対して求償すべきものとされており（同法第222条《不徴収税額の支払金額からの控除及び支払請求等》）、また、源泉所得税の徴収・納付に誤りがある場合には、支払者は国に対し当該誤納金の還付を請求することができ（通則法第56条《還付》）、他方、受給者は、何ら特別の手続を経ることを要せず直ちに支払者に対し、本来の債務の一部不履行を理由として、誤って徴収された金額の支払を直接に請求することができる（最高裁平成4年2月18日第三小法廷判決・民集46巻2号77頁参照）。

 (2) 当てはめ

請求人は、上記１の(3)のロのとおり、本件法人に本件役員給与を返還したところ、所得税法第120条第１項第５号にいう「源泉徴収をされた又はされるべき所得税の額」とは、上記(1)のロのとおり、所得税法の源泉徴収の規定に基づき正当に徴収をされた又はされるべき所得税等の額を意味するものであるから、本件役員給与の返還に伴い源泉徴収の規定により正当に徴収された又はされるべき所得税等の額も減少することとなる（別表２の「審判所認定額」の本件各年分の「源泉徴収税額（給与所得分）」欄のとおり。）。すなわち、本件役員給与の返還後においては、本件各源泉所得税の額は「正当に徴収された又はされるべき所得税等の額」とは認められず、別表２の「審判所認定額」の本件各年分の「源泉徴収税額（給与所得分）」を超える金額は、誤って源泉徴収された金額となり、上記(1)のハのとおり、本件法人が国（原処分庁）に対して当該誤納金の還付を請求することができ、他方、請求人は本件法人に対し、誤って徴収された金額の支払を直接に請求することになる。

　したがって、請求人は、本件各更正の請求において、本件各源泉所得税の額のうち、「正当に徴収された又はされるべき所得税等の額」を超える金額を本件各年分の算出所得税額から控除し又は還付を受けることはできない。

(3)　請求人の主張について

イ　請求人は、上記３の「請求人」欄のとおり、原処分は、税額等が過大だった場合に税務署長の処分を待って適正な租税負担とするという通則法第23条の趣旨に反し、また、応能負担の原則から乖離している旨主張する。

　しかしながら、上記(2)のとおり、本件役員給与の返還後においては、本件各源泉所得税の額のうち、「正当に徴収された又はされるべき所得税等の額」を超える金額を本件各年分の算出所得税額から控除し又は還付を受けることはできないのであるから、本件役員給与の返還後の請求人の本件各年分の給与所得に係る所得税等の計算に当たり、納付すべき税額が過大となることはなく、本件各通知処分は、通則法第23条の趣旨に反するものではない。

　また、上記(1)のハのとおり、源泉所得税の徴収・納付に誤りがある場合には、受給者は何ら特別の手続を経ることを要せず直ちに支払者に対し、誤って徴収された金額の支払を直接に請求することができることからすれば、誤って徴収された金額の精算を受給者が国に求めることができないことが応能負担の原則から乖離しているということもできない。

したがって、これらの点についての請求人の主張には理由がない。

ロ　請求人は、上記3の「請求人」欄のとおり、源泉徴収義務者が源泉徴収税額の精算をしない場合は、給与の受給者が源泉徴収義務者に対して支払った源泉所得税を国は収納し利益を得ているのであるから、所得税法第120条第1項第5号の「源泉徴収された又はされるべき所得税の額」は、実際に源泉徴収された所得税等の額と解するのが相当である旨主張する。

　　　しかしながら、上記(1)のロのとおり、所得税法第120条第1項第5号にいう「源泉徴収をされた又はされるべき所得税の額」とは、実際に源泉徴収された所得税等の額ではなく、所得税法の源泉徴収の規定に基づき正当に徴収をされた又はされるべき所得税等の額を意味するものであり、仮に源泉徴収義務者である本件法人が源泉徴収税額の精算をしない場合であっても、請求人が原処分庁に対して、本件各源泉所得税の額のうち、「正当に徴収された又はされるべき所得税等の額」を超える金額の還付を請求することはできないことから、請求人の主張は採用できない。

ハ　請求人は、上記3の「請求人」欄のとおり、地方税においては、請求人に対して後発的事由による所得減を事由とした市民税・県民税額決定がされているから、国税においても、通則法第23条を適用して請求人の過大となっている租税負担について適正な処分を行う必要がある旨主張する。

　　　しかしながら、個人道府県民税及び個人市町村民税の賦課決定は地方税当局の判断に委ねられるものであり、地方税当局の判断（各賦課決定）があった場合に通則法第23条に更正の請求が認められる旨規定されていない以上、上記(2)の判断に影響を及ぼすものではない。

　　　したがって、請求人の主張には理由がない。

(4)　本件各通知処分の適法性について

　　　上記(2)のとおり、本件各源泉所得税の額は、所得税法第120条第1項第5号に規定する「源泉徴収をされた又はされるべき所得税の額」に該当せず、請求人は、本件各更正の請求において、本件各源泉所得税の額を請求人の本件各年分の算出所得税額から控除し又は還付を受けることはできない。

　　　ところで、原処分庁は、本件役員給与の返還により給与所得が減額となる旨主張する一方で、総所得金額については何ら主張しない。そのことについて、当審判所

が釈明を求めたところ、原処分庁は、要旨、請求人の源泉徴収による所得税等の額は、本件法人が再計算するものであり、原処分庁が再計算するものではない旨、また、請求人が本件各更正の請求に関して提出した書類からは、本件役員給与減額後の給与所得の金額が本件各年分の所得税等の更正の請求書に記載された金額になることは認められるものの、請求人は、本件法人が発行した訂正後の源泉徴収票又はこれに代わる書類を提出していないから、本件法人によって再計算された請求人の給与所得に係る源泉徴収された所得税等の額や所得控除の額を確認することができない旨回答する。

　しかしながら、上記(1)のロで説示したとおり、所得税法第120条第1項第5号にいう「源泉徴収をされた又はされるべき所得税の額」とは、所得税法の源泉徴収の規定に基づき正当に徴収をされた又はされるべき所得税等の額を意味するものであるから、「源泉徴収をされた又はされるべき所得税の額」は、源泉徴収された所得税等の額に限らず、所得税法の源泉徴収の規定に基づき正当に徴収されるべき所得税等の額も当然に含まれるものであり、請求人が本件各更正の請求に関して提出した資料から正当に徴収されるべき所得税等の額が計算できる場合には、その計算をした所得税等の額を基に確定申告書に記載された納付すべき税額が過大となっているか否かを判断することになる。

　そして、当審判所に提出された証拠資料等により、請求人の本件各年分の所得税等の納付すべき税額を計算すると、別表2の「審判所認定額」の「納付すべき税額」欄のとおり、平成28年分の所得税等の納付すべき税額は○○○○円となり、確定申告書に記載された納付すべき税額が過大となっている。一方、平成29年分については、確定申告書に記載された納付すべき税額が過大となっていない。

　また、本件各通知処分のその他の部分については、請求人は争わず、当審判所に提出された証拠資料等によっても、これを不相当とする理由は認められない。

　したがって、本件各通知処分のうち、平成28年分の更正をすべき理由がない旨の通知処分は、確定申告書に記載された納付すべき税額が過大となっている範囲で違法であるから、別紙の「取消額等計算書」のとおり、その一部を取り消すべきであり、平成29年分の更正をすべき理由がない旨の通知処分は、適法である。

(5)　結論

　よって、審査請求には理由があるから、原処分の一部を取り消すこととする。

別表 1　審査請求に至る経緯（省略）

別表 2　本件各年分の所得税等の納付すべき税額（省略）

別紙　取消額等計算書（省略）

二　法人税法関係

〈令和5年4月〜6月分〉

事例3 （減価償却資産の償却　取得価額（有形減価償却資産））

　　一括取得した土地及び建物について、各資産の取得価額等の算定に当たり、不動産鑑定評価における積算価格比によりあん分するのが合理的であるとした事例（①平成30年3月1日から平成31年2月28日まで及び平成31年3月1日から令和2年2月29日までの各事業年度の法人税の各更正処分並びに令和2年3月1日から令和3年2月28日までの事業年度の法人税の更正処分及び過少申告加算税の賦課決定処分、②令和2年3月1日から令和3年2月28日までの課税事業年度の地方法人税の更正処分及び過少申告加算税の賦課決定処分、③平成30年3月1日から平成31年2月28日まで及び平成31年3月1日から令和2年2月29日までの各課税期間の消費税及び地方消費税の各更正処分並びに過少申告加算税の各賦課決定処分・①③一部取消し、棄却②一部取消し・令和5年6月21日裁決）

《ポイント》

　　本事例は、請求人が一括取得した土地及び建物について各資産の取得価額等を算定するに当たり、建物の価値を増加させると認められる改修工事が行われていた建物及びこれと一括取得した土地については、当該価値の増加が反映されていないと認められる固定資産税評価額の比ではなく、不動産鑑定評価における積算価格比によりあん分するのが合理的であると判断した事例である。

《要旨》

　　請求人は、売買により一括取得した土地及び建物について、まず当該土地の路線価に地積を乗じることにより当該土地の売買代金相当額を算出し、これを売買代金の総額から差し引くことにより当該建物の売買代金相当額を算出する方法（本件差引法）により算出すべきである旨主張する。

　　しかしながら、本件差引法を用いて土地及び建物の売買代金相当額を区分した場合、土地の売買代金相当額に反映されるべき価額が反映されず、土地の売買代金相当額が客観的な時価に比して低額になる一方、当該価額が建物の売買代金相当額に転嫁され、建物の売買代金相当額が客観的な時価に比して高額になるという看過し難い不均衡が生じるから、本件差引法は合理的とは認められない。

一方、原処分庁は、当該土地及び建物の各売買代金相当額は、土地及び建物の売買代金総額を各資産の固定資産税評価額比によりあん分する方法（固定資産税評価額比あん分法）により算出すべきである旨主張するところ、確かに、固定資産税評価額比は、土地及び建物の価額比を推認する手がかりとして一般的な合理性を有するものであるから、固定資産税評価額比あん分法は、一般的には合理的な算定方法であると認められる。

　しかしながら、本件の一部の建物には時価を増加させると認められる改修工事が実施されていたにもかかわらず、当該建物の固定資産税評価額にはこれらの時価の増加が反映されていない。

　他方、当該一部の建物及びこれと一括取得された土地について請求人が提出した不動産鑑定評価書における土地及び建物の積算価格の比は、土地及び建物の時価の価額比を推認する手がかりとして一定の合理性が認められる上、改修工事の実施を踏まえたものであり、当該一部の土地・建物については、固定資産税評価額比あん分法よりも当該積算価格比によりあん分する方法を用いることがより合理的であると認められる。

　したがって、当該一部の土地・建物については当該積算価格比によりあん分する方法を、他の土地・建物については、固定資産税評価額比あん分法を用いるのが相当である。

《参照条文等》
　法人税法施行令第54条
　消費税法第30条

（令和5年6月21日裁決）

《裁決書（抄）》

1　事　実

(1)　事案の概要

　　本件は、審査請求人（以下「請求人」という。）が、売買により一括して取得した土地及び建物について、これらの売買代金の総額から路線価を基に算出した当該土地の売買代金相当額を差し引く方法によって算定した当該建物の売買代金相当額に基づき、法人税の減価償却費の額及び消費税の課税仕入れに係る支払対価の額を計算して確定申告をしたところ、原処分庁が、当該建物の売買代金相当額については、これらの売買代金の総額を当該土地及び建物の各々の固定資産税評価額の価額比であん分する方法によって算定すべきであるとして、これを基に更正処分等をしたのに対し、請求人が、当該更正処分等の一部の取消しを求めた事案である。

(2)　関係法令

　　イ　法人税法施行令第54条《減価償却資産の取得価額》第1項第1号は、購入した減価償却資産の取得価額は、当該資産の購入の代価（引取運賃、荷役費、運送保険料、購入手数料、関税その他当該資産の購入のために要した費用がある場合には、その費用の額を加算した金額）と当該資産を事業の用に供するために直接要した費用の額の合計額とする旨規定している。

　　ロ　消費税法第30条《仕入れに係る消費税額の控除》（令和元年9月30日以前に国内において事業者が行う課税仕入れについては、平成27年法律第9号による改正後の平成24年法律第68号による改正前のもの。）第1項柱書及び同項第1号は、事業者が、国内において課税仕入れを行った場合は、当該課税仕入れを行った日の属する課税期間の課税標準額に対する消費税額から、当該課税期間中に国内において行った課税仕入れに係る消費税額を控除する旨規定し、同条第6項は、同条第1項に規定する課税仕入れに係る支払対価の額（以下「支払対価の額」という。）とは、課税仕入れの対価の額（対価として支払い、又は支払うべき一切の金銭等の額とし、当該課税仕入れに係る資産を譲り渡すなどする事業者に課されるべき消費税額及び当該消費税額を課税標準として課されるべき地方消費税額に相当する額がある場合には、当該相当する額を含む。）をいう旨規定している。

(3)　基礎事実

当審判所の調査及び審理の結果によれば、次の事実が認められる。

イ 請求人について

　　請求人は、不動産の所有、賃貸及び管理業等を営む法人であり、平成30年3月1日から平成31年2月28日まで、平成31年3月1日から令和2年2月29日まで及び令和2年3月1日から令和3年2月28日までの各事業年度（以下、順に「平成31年2月期」、「令和2年2月期」、「令和3年2月期」といい、これらを併せて「本件各事業年度」という。）の法人税について、青色申告の承認を受けていた。

　　また、請求人は、本件各事業年度において、消費税及び地方消費税（以下「消費税等」という。）の経理処理につき税抜経理方式を採用していた。

ロ 請求人が売買により一括して取得した土地及び建物について

（イ）請求人は、平成30年12月25日に、簡易宿所の用に供する目的で、e市f町○－○の土地（地目：宅地、地積：84.52㎡。以下「本件土地1」という。）及び本件土地1上の建物（家屋番号：○○○○、構造：木造瓦葺2階建、延床面積：108.39㎡。以下「本件建物1」といい、本件土地1と併せて「本件物件1」という。）を売買により一括して取得し、売買代金15,000,000円並びに固定資産税及び都市計画税の精算金6,192円を売主に支払った。

　　また、請求人は、平成30年12月25日に、本件物件1の売買に係る仲介手数料550,800円を不動産仲介業者に支払った。

　　なお、本件物件1の売買契約上、本件土地1及び本件建物1の各々の売買金額並びに消費税等相当額は明らかではない。

（ロ）請求人は、令和元年5月24日に、簡易宿所の用に供する目的で、g市h町○－○の土地（地目：宅地、地積：102.74㎡。以下「本件土地2」という。）及び本件土地2上の建物（家屋番号：○○○○、構造：鉄骨造陸屋根2階建、延床面積：113.42㎡。以下「本件建物2」といい、本件土地2と併せて「本件物件2」という。）を売買により一括して取得し、売買代金149,000,000円並びに固定資産税及び都市計画税の精算金187,989円を売主に支払った。

　　なお、本件物件2の売買契約上、本件土地2及び本件建物2の各々の売買金額並びに消費税等相当額は明らかではない。

（ハ）請求人は、令和元年5月24日に、簡易宿所の用に供する目的で、g市i町○－○の土地（地目：宅地、地積：107.97㎡。以下「本件土地3」という。）及

び本件土地３上の建物（家屋番号：○○○○、構造：木造亜鉛メッキ鋼板ぶき２階建、延床面積：86.43㎡。以下「本件建物３」といい、本件土地３と併せて「本件物件３」という。）を売買により一括して取得し、売買代金75,000,000円並びに固定資産税及び都市計画税の精算金169,565円を売主に支払った。

　また、請求人は、令和元年５月24日に、本件物件３の売買に係る仲介手数料1,620,000円を不動産仲介業者に支払った。

　なお、本件物件３の売買契約上、本件土地３及び本件建物３の各々の売買金額並びに消費税等相当額は明らかではない。

　おって、以下、本件土地１ないし本件土地３を併せて「本件各土地」といい、本件建物１ないし本件建物３を併せて「本件各建物」といい、本件物件１ないし本件物件３を併せて「本件各物件」という。

ハ　本件各物件の取得年度の固定資産税評価額等について

　(イ)　平成30年度のｅ市の固定資産課税台帳に係る名寄帳によれば、本件土地１の固定資産税評価額は○○○○円、本件建物１の固定資産税評価額は○○○○円である。

　(ロ)　平成31年度のｇ市の固定資産課税台帳に係る名寄帳によれば、本件土地２の固定資産税評価額は○○○○円、本件建物２の固定資産税評価額は○○○○円であり（以下、これらの固定資産税評価額の価額比を「本件物件２固定資産税評価額比」という。）、また、本件土地３の固定資産税評価額は○○○○円、本件建物３の固定資産税評価額は○○○○円である（以下、これらの固定資産税評価額の価額比を「本件物件３固定資産税評価額比」という。）。

　なお、以下、土地及び建物を売買により一括して取得した場合において、これらの売買代金の総額を何らかの方法によって算定した土地と建物の価額比であん分して当該土地及び建物の各々の売買代金相当額を算定する方法を「あん分法」といい、本件各物件の売買代金を各物件ごとに本件各土地及び本件各建物の取得年度の各々の固定資産税評価額の価額比であん分して本件各土地及び本件各建物の各々の売買代金相当額を算定する方法を「本件固定資産税評価額比あん分法」という。

ニ　本件各土地の取得年分の路線価等について

　(イ)　平成30年分のａ県の路線価図によれば、本件土地１の面する路線に付された

路線価は97,000円である。

(ロ)　令和元年分のj県の路線価図によれば、本件土地2の面する路線に付された路線価は370,000円であり、また、本件土地3の面する路線に付された路線価は270,000円である。

　　　なお、以下、土地及び建物を売買により一括して取得した場合において、まず、その土地の面する路線に付されたその土地の取得年分の路線価にその土地の地積を乗じることによりその土地の売買代金相当額を算定した後、これを当該土地及び建物の売買代金の総額から差し引くことによりその建物の売買代金相当額を算定する方法を「本件差引法」という。

ホ　本件建物1に関し、請求人が原処分庁に提出した資料等について

(イ)　請求人の税務代理人である税理士法人J所属のK税理士は、令和3年6月8日に、本件建物1の再建築価格（評価の対象となった家屋と同一のものを、評価の時点においてその場所に新築するものとした場合に必要とされる建築費をいう。以下同じ。）を示すものとして、内装工事業等を営むL社が作成した工事見積書を原処分庁に提出した。

　　　上記工事見積書には、現場名が「f町○丁目新築工事」、工事の見積額が56,700,000円（以下「本件見積額」という。）と記載されている（以下、当該工事見積書を「本件新築見積書」という。）。

(ロ)　税理士法人J所属のM税理士は、令和3年6月29日に、本件土地1の時価を示すものとして、N社が作成した査定報告書を原処分庁に提出した。

　　　上記査定報告書には、本件土地1の査定価格（市場での売買取引を目的とした目安価格をいう。）が8,700,000円（以下「本件査定価格」という。）と記載されている。

　　　なお、本件見積額に5％を乗じて計算した額と本件査定価格との価額比を「本件見積額等比」といい、本件物件1の売買代金（上記ロの(イ)）を本件見積額等比であん分して本件土地1及び本件建物1の各々の売買代金相当額を算定する方法を「本件見積額等比あん分法」という。

ヘ　P（L社の取締役）が原処分庁所属の調査担当職員に提示した資料等について

(イ)　Pは、令和4年5月12日に、原処分庁所属の調査担当職員から本件新築見積書について質問を受けた際、本件物件1に係る工事見積書の控えとして保管し

ているものは改築工事に係るものだけであるとして、現場名が「ｆ町〇丁目改築工事」と記載されている工事見積書（以下、「本件改築見積書」という。）を同調査担当職員に提示した。

　　　本件改築見積書は、請求人からの依頼によりＰが作成したものであり、工事の見積額は35,750,000円と記載されている。

㈻　Ｐは、上記㈻の質問を受けた際、原処分庁所属の調査担当職員に対し、本件改築見積書に記載された見積額35,750,000円について、「今ある建物を柱だけ残して全面的に改築し、宿として使えるような仕様に変える工事の金額であるから、今ある建物と同等の建物を新築した場合に要する費用よりも高い金額であり、知人の大工及び一級建築士と相談して概算の金額を算出したものである」旨申述した。

ト　本件建物２及び本件建物３に関し、請求人が当審判所に提出した資料等について

　　　請求人は、令和４年12月５日に、Ｑ社所属の不動産鑑定士（以下「本件鑑定士」という。）が作成した本件物件２に係る同年11月18日付の不動産鑑定評価書及び本件物件３に係る同日付の不動産鑑定評価書を当審判所に提出した（以下、本件鑑定士が行った本件物件２及び本件物件３の各々の不動産鑑定評価を「本件各鑑定」という。）。

　　　なお、本件物件２に係る不動産鑑定評価書には、令和元年５月１日を価格時点とし、本件建物２につき原価法（価格時点における対象不動産の再調達原価を求め、この再調達原価について減価修正を行って対象不動産の試算価格を求める手法をいい、この手法による試算価格を積算価格という。以下同じ。）による積算価格が26,100,000円（以下「本件建物２積算価格」という。）、本件土地２につき取引事例比較法（まず多数の取引事例を収集して適切な事例の選択を行い、これらに係る取引価格に必要に応じて事情補正及び時点修正を行い、かつ、地域要因の比較及び個別的要因の比較を行って求められた価格を比較考量し、これによって対象不動産の試算価格を求める手法をいい、この手法による試算価格を比準価格という。以下同じ。）による比準価格に基づき算出した積算価格が57,200,000円（以下「本件土地２積算価格」という。）と記載されている。

　　　また、本件物件３に係る不動産鑑定評価書には、令和元年５月１日を価格時点

とし、本件建物３につき原価法による積算価格が17,000,000円（以下「本件建物３積算価格」という。）、本件土地３につき取引事例比較法による比準価格に基づき算出した積算価格が43,400,000円（以下「本件土地３積算価格」という。）と記載されている。

おって、以下、本件土地２積算価格と本件建物２積算価格に令和元年５月当時の消費税等相当額を加算した額との価額比を「本件物件２積算価格比」といい、本件土地３積算価格と本件建物３積算価格に同月当時の消費税等相当額を加算した額との価額比を「本件物件３積算価格比」といい、本件物件２の売買代金（上記ロの(ロ)）を本件物件２積算価格比であん分することにより本件土地２及び本件建物２の各々の売買代金相当額を算定する方法並びに本件物件３の売買代金（同(ハ)）を本件物件３積算価格比であん分することにより本件土地３及び本件建物３の各々の売買代金相当額を算定する方法を「本件積算価格比あん分法」という。

(4) 審査請求に至る経緯

イ 請求人は、本件各事業年度の法人税及び令和２年３月１日から令和３年２月28日までの課税事業年度（以下「令和３年２月課税事業年度」という。）の地方法人税について、それぞれ青色の確定申告書に別表１及び別表２の各「確定申告」欄のとおり記載して、いずれも法定申告期限までに申告した。

また、請求人は、平成30年３月１日から平成31年２月28日まで及び平成31年３月１日から令和２年２月29日までの各課税期間（以下、順に「平成31年２月課税期間」、「令和２年２月課税期間」といい、これらを併せて「本件各課税期間」という。）の消費税等について、それぞれ確定申告書に別表３の各「確定申告」欄のとおり記載して、いずれも法定申告期限までに申告した。

なお、請求人は、上記の各確定申告書を作成するに当たり、本件差引法によって本件各土地及び本件各建物の各々の売買代金相当額をそれぞれ算定した上で、本件各建物の取得価額がそれぞれ別表４のとおりであるとして本件各建物の減価償却費の額をそれぞれ別表５のとおり計算するとともに、本件各建物の取得に係る支払対価の額をそれぞれ別表６のとおり計算した。

ロ 原処分庁は、これに対し、令和４年１月31日付で、別表１ないし別表３の各「更正処分等」欄のとおり、①平成31年２月期及び令和２年２月期の各事業年度の法人税の各更正処分並びに令和３年２月期の法人税の更正処分及び過少申告加

算税の賦課決定処分、②令和3年2月課税事業年度の地方法人税の更正処分及び過少申告加算税の賦課決定処分並びに③平成31年2月課税期間及び令和2年2月課税期間の消費税等の各更正処分及び過少申告加算税の各賦課決定処分（以下、これらの処分を併せて「本件更正処分等」という。）をした。

　　なお、原処分庁は、本件更正処分等において、本件固定資産税評価額比あん分法によって本件各土地及び本件各建物の各々の売買代金相当額をそれぞれ算定すべきであるとした上で、本件各建物の取得価額がそれぞれ別表7のとおりであるとして本件各建物の減価償却費の額をそれぞれ別表8のとおり計算するとともに、本件各建物の取得に係る支払対価の額をそれぞれ別表9のとおり計算した。

ハ　請求人は、本件更正処分等を不服として、令和4年3月30日に再調査の請求をしたところ、再調査審理庁は、同年6月24日付で棄却の再調査決定をした。

ニ　請求人は、再調査決定を経た後の本件更正処分等の一部に不服があるとして、令和4年7月12日に審査請求をした。

　　なお、請求人は、令和4年12月15日に、商号をF社からE社に変更した。

2　争　点

　　本件各建物の減価償却費の額及び本件各建物の取得に係る支払対価の額の計算上、本件各建物の売買代金相当額をどのように算定すべきか。

3　争点についての主張

原処分庁	請求人
次のとおり、本件各建物の減価償却費の額及び本件各建物の取得に係る支払対価の額の計算上、本件各建物の売買代金相当額の算定に当たっては、いずれも本件固定資産税評価額比あん分法を用いるべきである。	次のとおり、本件各建物の減価償却費の額及び本件各建物の取得に係る支払対価の額の計算上、本件各建物の売買代金相当額の算定に当たっては、いずれも本件差引法を用いるべきである（主位的主張）。仮に、本件差引法が認められない場合も、本件建物1については本件見積額等比あん分法を、本件建物2及び本件建物3については本件積算価格比あん分法を用いるべきである（予備的主張）。

(1) 本件固定資産税評価額比あん分法について

　　土地及び建物を売買により一括して取得する場合において、あん分法は、売買代金に上乗せされた利益を土地及び建物の双方について反映させることが可能であり、取引の実態に合致するものである。

　　また、固定資産税評価額は、土地については地価公示価格や売買実例等、建物については再建築価格を基に決定されたものであって、その算出機関及び算出時期も同一であるから、いずれも同一時期の時価を反映したものである。そして、特に建物が中古物件の場合には、あん分の比率に固定資産税評価額の価額比を用いることで、簡易、迅速に土地及び建物の各々の売買代金相当額を把握できるといえる。

　　したがって、本件各建物の売買代金相当額を算定するに当たり、本件固定資産税評価額比あん分法は、合理的な算定方法であると認められる。

(2) 本件差引法について

　　路線価は、毎年1月1日を評価時点とし、売買実例価額、地価公示価格、不動産鑑定士等による鑑定評価額及び精通者

(1) 本件固定資産税評価額比あん分法について

　　本件各物件についてみると、各々の土地及び建物に係る固定資産税評価額の合計額と実際の売買代金の総額との間に大きな乖離が生じていることなどからすれば、本件各建物は、実際の売買において収益性が重視される個別性の高い資産であるといえる。他方、固定資産税評価額は、本件各建物にみられるような資産の個別的な事情が反映されないものである。

　　また、本件固定資産税評価額比あん分法を用いた場合、例えば本件物件1については、本件建物1の売買代金相当額があまりに僅少となって、その金額で実際に建物の再建築や売買がなされるとは到底考えられないし、本件土地1の売買代金相当額もその路線価の価額や固定資産税評価額を大きく超過することになるから、不合理な結果となる。

　　したがって、本件各建物の売買代金相当額を算定するに当たり、本件固定資産税評価額比あん分法は、合理的な算定方法とは認められない。

(2) 本件差引法について

　　本件差引法は、路線価が土地の相場をおおむね反映していることから、その土地の売買代金相当額の算定方法として合

意見価格等を基として評定した価格の80％程度を目途に、相続税や贈与税の申告の便宜や課税の公平を図る観点から設定されるものであり、売主の利益や各種手数料の諸経費等も反映されていないことから、土地の売買代金相当額がその時価に比して低額になる一方、本件差引法を用いた場合には、建物の売買代金相当額がその時価に比して高額になるといえる。

したがって、本件各建物の売買代金相当額を算定するに当たり、本件差引法は、合理的な算定方法とは認められない。

(3) 本件見積額等比あん分法について

本件見積額（56,700,000円）を本件建物１の延床面積108.39㎡で除すと１㎡当たりの工事単価は523,110円となるが、これは国土交通省が公表している平成30年度計分のａ県の木造建築物の工事費予定額における１㎡当たりの平均工事単価169,993円を大きく上回るものである。また、本件見積額は、Ｐ（Ｌ社の取締役）が原処分庁所属の調査担当職員に提示した本件建物１に係る改築工事の見積額35,750,000円よりも更に高額となっている。これらのことなどからすれば、本件見積額が本件建物１の適正な再建築価格であるということはできず、本件見積

理的なものである。そして、本件差引法によって本件各建物の売買代金相当額を算定した場合に、本件各土地に係る売主の利益や諸経費等が本件各建物の売買代金相当額に転嫁される場合があったとしても、それは請求人が本件各建物の取得を主たる目的としていることからして当然の結果というべきものであるから、この点をもって不合理ということはできない。

したがって、本件各建物の売買代金相当額を算定するに当たり、本件差引法は、合理的な算定方法であると認められる。

(3) 本件見積額等比あん分法について

仮に、本件建物１の売買代金相当額の算定方法として本件差引法が合理的とは認められないとしても、本件査定価格は本件土地１の時価を示すものであるし、本件見積額も本件建物１の再建築価格を示すものである。そして、減価償却資産について生じた評価損を損金算入する場合において、法人税基本通達９−１−19《減価償却資産の時価》の定めが資産の再取得価額に旧定率法を適用した場合の未償却残高（取得価額の５％）を時価と認めていることからすれば、本件建物１の時価については、本件見積額の５％相当額が妥当であり、本件見積額等比を用

額等比を用いることは相当ではない。

　したがって、本件建物1の売買代金相当額を算定するに当たり、本件見積額等比あん分法は、合理的な算定方法とは認められない。

(4)　本件積算価格比あん分法について

　本件各鑑定では、建物の再調達原価の査定において、既存部分の再調達原価と改築部分の再調達原価の合計額をもって建物の再調達原価が計算されていることから、1㎡当たりの工事単価が著しく高額な査定となっている。また、建物の減価修正においても、建物の既存部分の耐用年数が長く査定され、残存価額が高額となっているほか、減価率も過少な数字が採用されるなど、特に建物の既存部分において積算価格が不自然に高額に査定されているといえる。そうすると、本件物件2積算価格比及び本件物件3積算価格比を用いることは相当ではない。

　したがって、本件建物2及び本件建物3の各々の売買代金相当額を算定するに当たり、本件積算価格比あん分法は、合理的な算定方法とは認められない。

いることには合理性がある。

　したがって、本件建物1の売買代金相当額を算定するに当たり、本件見積額等比あん分法は、合理的な算定方法であると認められる。

(4)　本件積算価格比あん分法について

　仮に、本件建物2及び本件建物3の各々の売買代金相当額の算定方法として本件差引法が合理的とは認められないとしても、本件各鑑定は、高度な知識と豊富な経験及び的確な判断力を有する専門家が行ったものであり、本件各鑑定における建物の再調達原価や、建物の既存部分の耐用年数及び減価率についても、データや実情に即したものであって、資産の個別的な事情が反映されたものである。そうすると、本件物件2積算価格比及び本件物件3積算価格比を用いることには合理性がある。

　したがって、本件建物2及び本件建物3の各々の売買代金相当額を算定するに当たり、本件積算価格比あん分法は、合理的な算定方法であると認められる。

4　当審判所の判断

(1)　法令解釈

　イ　法人税法施行令第54条第1項第1号は、購入した減価償却資産の取得価額は、当該資産の購入の代価と当該資産を事業の用に供するために直接要した費用の額の合計額とする旨規定している。そうすると、建物（減価償却資産）及び土地を

一括して購入した場合において、売買契約書等により建物の売買金額が明らかであれば、通常、これに基づき当該建物の取得価額が算定されるが、その売買金額が明らかでないときは、租税負担の公平及び実質主義の観点から、これらの資産の売買代金の総額を租税法の基本原則に合致する合理的な方法によって建物の売買代金相当額と土地の売買代金相当額とに区分して建物の取得価額を算定する必要があるものと解される。

ロ　消費税法第30条第6項は、同条第1項に規定する課税仕入れに係る支払対価の額とは、対価として支払い、又は支払うべき一切の金銭等の額（当該課税仕入れに係る消費税等相当額を含む。）をいう旨規定している。そうすると、建物（課税資産）及び土地（非課税資産）を一括して購入した場合における建物に係る支払対価の額についても、売買契約書等により建物の売買金額が明らかでない場合には、これらの資産の売買代金の総額を合理的な方法によって建物の譲受けの対価の額と土地の譲受けの対価の額とに区分して建物に係る支払対価の額を算定する必要があるものと解される。そして、その区分の基準についても、法人税と消費税との間で異なるものではないと解するのが相当である。

(2)　認定事実

　　請求人提出資料、原処分関係資料並びに当審判所の調査及び審理の結果によれば、次の事実が認められる。

　イ　国土交通省公表の建築着工統計調査の結果について

　　　a県における平成30年度計分の建築着工統計調査の結果によれば、a県の木造建築物の工事費予定額は121,505,500,000円であり、床面積の合計は714,767㎡である。

　ロ　本件建物2及び本件建物3の取得年度前の固定資産税評価額について

　　(イ)　本件建物2の固定資産税評価額は、平成29年度が○○○○円であり、平成30年度が○○○○円である。

　　(ロ)　本件建物3の固定資産税評価額は、平成29年度が○○○○円であり、平成30年度が○○○○円である。

　ハ　本件建物2及び本件建物3に対して行った改修工事について

　　(イ)　本件建物2には、平成30年10月頃から平成31年2月頃までの期間において、○○○○風の内装を施した簡易宿所施設へと改修する工事（以下「本件建物2改修工事」という。）が実施された。

㈠　本件建物３には、平成28年12月頃から平成29年５月頃までの期間において、○○○○風の内装を施した簡易宿所施設へと改修する工事（以下「本件建物３改修工事」という。）が実施された。

ニ　本件各鑑定について

　㈠　本件土地２積算価格及び本件土地３積算価格について

　　本件鑑定士は、本件土地２及び本件土地３の鑑定評価に際して取引事例比較法を適用し、要旨次のとおり、本件土地２積算価格及び本件土地３積算価格をそれぞれ査定した。

　　A　本件土地２積算価格について

　　　本件土地２に係る比準価格の１㎡当たりの価格を求めるに際し、比較対象として正常取引であると判断した３つの取引事例を選択し、これらに係る取引価格に時点修正、建付減価補正、事例地等の個別的要因の標準化及び地域要因の比較を行って求められた価格の比較考量において、それぞれの価格を関連付けるために中庸値を採用して、当該比準価格の１㎡当たりの価格557,000円を求めた。そして、当該価格557,000円については、本件土地２の近隣土地の平成31年の地価公示価格を規準とした１㎡当たりの価格（476,000円）を上回るものの、昨今の市場特性を鑑みて適切と判断し、当該価格557,000円に本件土地２の地積102.74㎡を乗じて、本件土地２積算価格を57,200,000円と査定した。

　　B　本件土地３積算価格について

　　　上記Aと同様の手法により、本件土地３に係る比準価格の１㎡当たりの価格402,000円を求めた。そして、当該価格402,000円については、本件土地３の近隣土地の平成31年の地価公示価格を規準とした１㎡当たりの価格（353,000円）を上回るものの、昨今の市場特性を鑑みて適切と判断し、当該価格402,000円に本件土地３の地積107.97㎡を乗じて、本件土地３積算価格を43,400,000円と査定した。

　㈡　本件建物２積算価格及び本件建物３積算価格について

　　本件鑑定士は、本件建物２及び本件建物３の鑑定評価に際して原価法を適用し、要旨次のとおり、本件建物２積算価格及び本件建物３積算価格をそれぞれ査定した。

A　本件建物２積算価格について

　　上記ハの(イ)のとおり、本件建物２には本件建物２改修工事が実施されていることに鑑み、本件建物２を既存部分と改築部分とに区別し、既存部分の再調達原価については、ｊ県における平成30年度計分の建築着工統計調査の結果を基に、本件建物２の所在地及び精通者意見等も勘案して１㎡当たりの工事単価298,000円を求めた上、これに本件建物２の延床面積113.42㎡を乗じて33,800,000円と査定し、改築部分の再調達原価については、本件建物２改修工事の内容及び精通者意見等を踏まえた検討を行い、14,200,000円と査定した。次いで、減価修正を行うに当たり、耐用年数に基づく方法（対象不動産の耐用年数を基礎として減価額を把握する方法をいう。以下同じ。）及び観察減価法（対象不動産について、設計、設備等の機能性、維持管理の状態、補修の状況、付近の環境との適合の状態等各減価の要因の実態を調査することにより、減価額を直接求める方法をいう。以下同じ。）を併用し、実地調査を経て耐用年数や物理的損耗・機能的陳腐化の程度を判断の上、既存部分の減価額については、耐用年数41年及び減価率30％として19,900,000円と査定し、改築部分の減価額については、耐用年数25年及び減価率10％として2,000,000円と査定した。そして、本件建物２につき、再調達原価からこれらの減価額を控除することにより、既存部分の積算価格を13,900,000円、改築部分の積算価格を12,200,000円とそれぞれ査定し、その合計額をもって本件建物２積算価格を26,100,000円と査定した。

B　本件建物３積算価格について

　　上記Ａと同様の手法により、本件建物３の既存部分の再調達原価を20,600,000円と査定し、改築部分の再調達原価を21,400,000円と査定した。次いで、既存部分の減価額については、耐用年数72年及び減価率80％として19,300,000円と査定し、改築部分の減価額については、耐用年数25年及び減価率20％として5,700,000円と査定した。そして、本件建物３につき、再調達原価からこれらの減価額を控除することにより、既存部分の積算価格を1,300,000円、改築部分の積算価格を15,700,000円とそれぞれ査定し、その合計額をもって本件建物３積算価格を17,000,000円と査定した。

C　なお、本件建物２積算価格及び本件建物３積算価格には、これらの価格時

点（令和元年5月1日）における消費税等相当額はいずれも含まれていない。

(3) 検討

上記1の(3)のロのとおり、請求人が取得した本件各物件については、いずれも本件各土地及び本件各建物の各々の売買金額並びに消費税等相当額が売買契約上明らかでないことから、上記(1)のとおり、本件各建物の減価償却費の額及び本件各建物の取得に係る支払対価の額の計算上、合理的な方法によって本件各物件の売買代金を本件各土地及び本件各建物の各々の売買代金相当額に区分することが必要となる。

そして、この点につき、原処分庁は、上記3の「原処分庁」欄の(1)のとおり、本件各建物の売買代金相当額の算定に当たってはいずれも本件固定資産税評価額比あん分法を用いるべき旨主張するのに対して、請求人は、主位的に、同「請求人」欄の(2)のとおり、本件各建物の売買代金相当額の算定に当たってはいずれも本件差引法を用いるべき旨主張するとともに、予備的に、同「請求人」欄の(3)及び(4)のとおり、本件建物1の売買代金相当額の算定に当たっては本件見積額等比あん分法を、本件建物2及び本件建物3の各々の売買代金相当額の算定に当たっては本件積算価格比あん分法を用いるべき旨主張するので、以下、これらの算定方法の合理性について検討する。

イ 本件差引法（請求人の主位的主張）について

一般に、路線価は、地価公示価格と同水準の価格の80％程度を目途として設定されている上、土地に係る売主の利益及び販売手数料等の諸経費が反映されないものであるから、これに基づき土地の売買代金相当額を算定した場合には、土地の客観的な時価に比して低額となるのが通例であるといえる。そうすると、本件差引法を用いて本件各物件の売買代金を本件各土地及び本件各建物の各々の売買代金相当額に区分した場合には、本件各土地の売買代金相当額に反映されるべき価額（路線価との差額部分に相当する価額や本件各土地に係る売主の利益及び販売手数料等の諸経費相当額）がこれに反映されないことから、本件各土地の売買代金相当額が客観的な時価に比して低額になる一方で、当該価額が本件各建物の売買代金相当額に転嫁され、本件各建物の売買代金相当額が客観的な時価に比して高額になる。そのため、本件各物件の売買代金の総額を本件差引法を用いて本件各土地と本件各建物の各々の売買代金相当額に区分した場合には、本件各土地及び本件各建物の各々の売買代金相当額の間には看過し難い不均衡が生ずること

になり、このことは、請求人が本件各物件を取得した主たる目的が本件各建物にあったという点によって解消し得るものではない。

　　　したがって、請求人が主位的に主張する本件差引法は、本件各建物の売買代金相当額の算定方法として合理的とは認められない。

ロ　あん分法について

　　　一般に、実際の売買代金は、売主の利益及び販売手数料等の諸経費を踏まえて形成されることから、本件のようなケースで、土地及び建物の売買代金の総額を土地及び建物の各々の売買代金相当額に区分するに当たっても、このような売主の利益及び販売手数料等の諸経費をその双方に合理的に反映させる必要がある。そして、あん分法は、実際の売買代金の総額を土地及び建物の各々の価額の価額比であん分する方法であるから、当該価額比を用いることに合理性があると認められる限り、売主の利益及び販売手数料等の諸経費についても、その価額比に応じて土地及び建物の各々の売買代金相当額の双方に合理的に反映されることになり、合理的な方法といえる。

　　　そこで、以下、①本件見積額等比あん分法（本件建物１に係る請求人の予備的主張）、②本件積算価格比あん分法（本件建物２及び本件建物３に係る請求人の予備的主張）及び③本件固定資産税評価額比あん分法（原処分庁の主張）が本件各建物の売買代金相当額の算定方法として合理的であると認められるか否かについて、それぞれのあん分法で用いられている価額比の合理性を踏まえて順に検討する。

(イ)　本件見積額等比あん分法（本件建物１に係る請求人の予備的主張）について

　　　本件見積額等比あん分法で用いられている本件見積額等比が合理的といえるためには、少なくとも、本件見積額が請求人による取得時点における本件建物１の再建築価格として合理的に見積もられたものであることが必要である。

　　　この点について検討すると、ａ県における平成30年度計分の建築着工統計調査の結果（上記(2)のイ）によれば、木造建築物の１㎡当たりの工事単価は約169,993円（＝工事費予定額121,505,500,000円÷床面積の合計714,767㎡）にすぎず、これに本件建物１の延床面積108.39㎡（上記１の(3)のロの(イ)）を乗じた額（18,425,541円）は本件建物１の本件見積額（56,700,000円）を大幅に下回る。

　　　さらに、上記１の(3)のへの(ロ)のとおり、Ｐ（Ｌ社の取締役）が、本件改築見

積書に記載された見積額35,750,000円について、「今ある建物を柱だけ残して全面的に改築し、宿として使えるような仕様に変える工事の金額であるから、今ある建物と同等の建物を新築した場合に要する費用よりも高い金額であり、知人の大工及び一級建築士と相談して概算の金額を算出したものである」旨申述していることも踏まえれば、請求人による取得時点における本件建物1の再建築価格は、少なくとも35,750,000円を下回ることが優にうかがわれる。

　そうすると、この金額を大幅に超過した本件見積額を本件建物1の再建築価格とみることはできないから、ほかの点を検討するまでもなく、本件見積額等比を用いることに合理性があるとは認められない。

　したがって、請求人が予備的に主張する本件見積額等比あん分法は、本件建物1の売買代金相当額の算定方法として合理的とは認められない。

㈑　本件積算価格比あん分法（本件建物2及び本件建物3に係る請求人の予備的主張）について

　当審判所の調査及び審理の結果によれば、本件鑑定士が行った上記(2)のニの本件各鑑定は、不動産鑑定評価基準に沿って鑑定評価を実施したものと認められ、その実施過程に不適切ないし不合理な点は見当たらない。また、本件鑑定士への依頼は請求人自身が行っていることを考慮しても、本件鑑定士が公平な鑑定評価を実施したことに疑いを持たせるような事情も認められない。そうすると、本件土地2積算価格と本件建物2積算価格との価額比については、請求人による取得時点における本件土地2及び本件建物2の各々の時価の価額比を推認する手がかりとして、一定の合理性が認められるというべきであり、また、本件土地3積算価格と本件建物3積算価格との価額比についても同様である。

　そして、上記(2)のニの㈑のCのとおり、本件建物2積算価格及び本件建物3積算価格にはこれらの価格時点である令和元年5月当時の消費税等相当額がいずれも含まれていないことに照らせば、この点を加味した本件物件2積算価額比及び本件物件3積算価額比を用いることには合理性があると認められる。

　したがって、請求人が予備的に主張する本件積算価格比あん分法は、本件建物2及び本件建物3の各々の売買代金相当額の算定方法として合理的であると認められる。

㈕　本件固定資産税評価額比あん分法（原処分庁の主張）について

A　固定資産税評価額は、土地の場合は地価公示価格や売買実例等を基に評価され、建物の場合は再建築価格を基に評価されたものであって、土地及び建物の各々の時価を推認する手がかりとして一般的な合理性を有するものであるから、同一年度における土地及び建物の各々の固定資産税評価額の価額比についても、これらの価額が同一の公的機関によって同一時期に評価されたものであることに照らし、同一時点における土地及び建物の各々の時価の価額比を推認する手がかりとして、同じく一般的な合理性を有しているというべきである。そうすると、原処分庁が主張する本件固定資産税評価額比あん分法は、土地及び建物の売買代金の総額を土地及び建物の各々の売買代金相当額に区分する方法として、一般的には合理的な方法であると認めることができる。

B　この点につき、本件建物1の売買代金相当額の算定方法としてみると、上記Aのとおり、本件固定資産税評価額比あん分法は一般的には合理的な方法であると認められる一方、上記イ及び上記(イ)のとおり、請求人が主張する本件差引法及び本件見積額等比あん分法はいずれも合理的な算定方法とはいえず、当審判所の調査及び審理の結果によっても、本件固定資産税評価額比あん分法以外に合理的な方法は認められない。

C　また、本件建物2及び本件建物3の各々の売買代金相当額の算定方法としてみると、上記(2)のハのとおり、本件建物2には平成30年10月頃から平成31年2月頃までの期間において本件建物2改修工事が実施され、本件建物3にも平成28年12月頃から平成29年5月頃までの期間において本件建物3改修工事が実施されているところ、当審判所の調査及び審理の結果によれば、いずれの工事も相応の規模のものであり、本件建物2及び本件建物3の各々の時価を増加させるものであったと認められる。しかし、上記1の(3)のハの(ロ)及び上記(2)のロのとおり、本件建物2の固定資産税評価額が平成29年度は○○○○円、平成30年度及び平成31年度は○○○○円であり、本件建物3の固定資産税評価額が平成29年度は○○○○円、平成30年度及び平成31年度は○○○○円であることからして、本件物件2固定資産税評価額比及び本件物件3固定資産税評価額比には、本件建物2改修工事及び本件建物3改修工事による本件建物2及び本件建物3の各々の時価の増加が反映されていないと認め

られる。

　他方、本件物件２積算価格比及び本件物件３積算価格比については、上記
(2)のニの(ロ)のＡ及びＢ並びに上記(ロ)のとおり、本件建物２改修工事及び本件
建物３改修工事の実施を踏まえた価額比であると認められ、請求人による取
得時点における本件土地２及び本件建物２の各々の時価の価額比並びに本件
土地３及び本件建物３の各々の時価の価額比を推認する手がかりとして、本
件物件２固定資産税評価額比及び本件物件３固定資産税評価額比に比してよ
り精緻なものといえる。そうすると、本件建物２及び本件建物３の各々の売
買代金相当額の算定方法としては、本件固定資産税評価額比あん分法よりも
本件積算価格比あん分法によることがより合理的であるというべきである。

　Ｄ　したがって、本件固定資産税評価額比あん分法は、本件建物１の売買代金
相当額の算定方法として合理的であると認められるものの、本件建物２及び
本件建物３の各々の売買代金相当額の算定方法として合理的とは認められな
い。

ハ　小括

　以上によれば、本件で争われている本件各建物の売買代金相当額の算定方法の
うち、本件建物１の売買代金相当額については、本件固定資産税評価額比あん分
法を用いることが合理的であると認められるから、これにより算定すべきであり、
本件建物２及び本件建物３の各々の売買代金相当額については、本件積算価格比
あん分法を用いることがより合理的であると認められるから、これにより算定す
べきである。

(4)　請求人及び原処分庁の主張について

イ　請求人の主張について

　請求人は、上記３の「請求人」欄の(1)のとおり、固定資産税評価額には資産の
個別的な事情が反映されておらず、本件固定資産税評価額比あん分法を用いて本
件各建物の売買代金相当額を算定した場合にはその結果も不合理となるとして、
本件固定資産税評価額比あん分法は、本件各建物の売買代金相当額の算定方法と
して合理的であるとは認められない旨主張する。

　しかしながら、本件固定資産税評価額比あん分法については、上記(3)のロの(ハ)
のＡで述べたことに加え、特に建物が中古の場合には、簡易、迅速に土地及び建

物の各々の売買代金相当額を区分することが可能となり、徴税費用の削減等にも資するということができるから、本件各土地及び本件各建物の各々の固定資産税評価額の価額比を手がかりとして本件各土地及び本件各建物の各々の時価の価額比を推認することがおよそ不合理であるとまではいえない。

　そして、本件建物２及び本件建物３の各々の売買代金相当額の算定に当たっては、上記(3)のロの(ハ)のＣのとおり、より精緻な価格比を用いた本件積算価格比あん分法によることがより合理的であると認められるものの、本件建物１の売買代金相当額の算定に当たっては、同Ｂのとおり、本件固定資産税評価額比あん分法以外に合理的な方法は認められない。

　したがって、上記請求人の主張のうち、本件建物１に関する部分には理由がない。

ロ　原処分庁の主張について

　原処分庁は、上記３の「原処分庁」欄の(4)のとおり、本件積算価格比あん分法の基となる本件各鑑定は、建物の再調達原価の査定において、既存部分の再調達原価と改築部分の再調達原価の合計額をもって建物の再調達原価が計算されていることから、１㎡当たりの工事単価が著しく高額な査定となっているとともに、建物の減価修正においても、建物の既存部分の耐用年数が長く査定されているほか、原価率も過少な数字が採用されるなど、特に建物の既存部分において積算価格が不自然に高額に査定されているとして、本件積算価格比あん分法は本件建物２及び本件建物３の各々の売買代金相当額の算定方法として合理的とは認められない旨主張する。

　しかしながら、上記(2)のニの(ロ)のＡ及びＢのとおり、本件各鑑定において、建物の既存部分の再調達原価と改築部分の再調達原価のいずれについても個別に減価修正がなされた上で積算価格が算出されていることに照らせば、建物の再調達原価が既存部分と改築部分の再調達原価の合計額をもって計算されているからといって、これが直ちに不適切ないし不合理であるとまで断ずることはできないし、本件全証拠によっても、本件各鑑定において査定された耐用年数及び減価率が不適切ないし不合理であるとまでは認めるに足りない。

　したがって、上記原処分庁の主張には理由がない。

(5)　本件更正処分等の適法性について

イ　本件各事業年度の法人税の各更正処分について

(イ)　当審判所において、上記(3)のハに基づき本件各建物の売買代金相当額を算定し、これを基に本件各建物の取得価額を計算すると、それぞれ別表10のとおりとなるから、本件各建物の減価償却費の額は、それぞれ別表11のとおりとなる。

(ロ)　そして、本件各事業年度の法人税の各更正処分のその他の部分について、請求人は争わず、当審判所に提出された証拠資料等によっても、これを不相当とする理由は見当たらないところ、上記(イ)を前提に、当審判所において、本件各事業年度の所得金額、納付すべき税額、繰越欠損金の当期控除額及び翌期へ繰り越すべき欠損金額を計算すると、別表12のとおりとなり、平成31年2月期については更正処分の金額と同額である一方、令和2年2月期については翌期へ繰り越すべき欠損金額が更正処分の金額を上回り、令和3年2月期については法人税の納付すべき税額が更正処分の金額を下回る。

したがって、平成31年2月期の法人税の更正処分は適法であるが、令和2年2月期及び令和3年2月期の法人税の各更正処分については、いずれもその一部を別紙1及び別紙2の「取消額等計算書」のとおり取り消すべきである。

ロ　令和3年2月期の法人税に係る過少申告加算税の賦課決定処分について

上記イの(ロ)のとおり、令和3年2月期の法人税の更正処分については、その一部を取り消すべきであるから、これに伴い令和3年2月期の法人税に係る過少申告加算税の計算の基礎となる税額は○○○○円となるところ、当該更正処分により納付すべき税額の計算の基礎となった事実が更正処分前の税額の計算の基礎とされていなかったことについて、国税通則法（以下「通則法」という。）第65条《過少申告加算税》第4項第1号に規定する「正当な理由」があるとは認められない。これを前提に、当審判所において、請求人の過少申告加算税の額を計算すると、別表12のとおりとなり、賦課決定処分の金額を下回る。

したがって、令和3年2月期の法人税に係る過少申告加算税の賦課決定処分は、その一部を別紙2「取消額等計算書」のとおり取り消すべきである。

ハ　令和3年2月課税事業年度の地方法人税の更正処分について

上記イの(ロ)のとおり、令和3年2月期の法人税の更正処分については、その一部を取り消すべきであるところ、これに基づき、当審判所において、令和3年2月課税事業年度の地方法人税の課税標準法人税額及び納付すべき税額を計算する

と、別表13のとおりとなり、更正処分の金額を下回る。

　　また、地方法人税の更正処分のその他の部分については、請求人は争わず、当
　審判所に提出された証拠資料等によっても、これを不相当とする理由は認められ
　ない。

　　したがって、令和3年2月課税事業年度の地方法人税の更正処分については、
　その一部を別紙3「取消額等計算書」のとおり取り消すべきである。

ニ　令和3年2月課税事業年度の地方法人税に係る過少申告加算税の賦課決定処分
　について

　　上記ハのとおり、令和3年2月課税事業年度の地方法人税の更正処分について
　は、その一部を取り消すべきであるから、これに伴い令和3年2月課税事業年度
　の地方法人税に係る過少申告加算税の計算の基礎となる税額は○○○○円となる
　ところ、当該更正処分により納付すべき税額の計算の基礎となった事実が更正処
　分前の税額の計算の基礎とされていなかったことについて、通則法第65条第4項
　第1号に規定する「正当な理由」があるとは認められない。これを前提に、当審
　判所において、請求人の過少申告加算税の額を計算すると、別表13のとおりとな
　り、賦課決定処分の金額を下回る。

　　したがって、令和3年2月課税事業年度の地方法人税に係る過少申告加算税の
　賦課決定処分は、その一部を別紙3「取消額等計算書」のとおり取り消すべきで
　ある。

ホ　本件各課税期間の消費税等の各更正処分について

　(イ)　当審判所において、上記(3)のハに基づき本件各建物の売買代金相当額を算定
　　　し、これを基に本件各建物の取得に係る支払対価の額を計算すると、それぞれ
　　　別表14のとおりとなる。

　(ロ)　そして、本件各課税期間の消費税等の各更正処分のその他の部分について、
　　　請求人は争わず、当審判所に提出された証拠資料等によっても、これを不相当
　　　とする理由は見当たらないところ、上記(イ)を前提に、当審判所において、本件
　　　各課税期間の消費税等の納付すべき税額を計算すると、別表15のとおりとなり、
　　　平成31年2月課税期間については、更正処分の金額と同額である一方、令和2
　　　年2月課税期間については、更正処分の金額を下回る。

　　　　したがって、平成31年2月課税期間の消費税等の更正処分は適法であるが、

— 71 —

令和 2 年 2 月課税期間の消費税等の更正処分については、その一部を別紙 4 「取消額等計算書」のとおり取り消すべきである。

　ヘ　本件各課税期間の消費税等に係る過少申告加算税の各賦課決定処分について

　　(イ)　上記ホの(ロ)のとおり、平成31年 2 月課税期間の消費税等の更正処分は適法であり、また、当該更正処分により納付すべき税額の計算の基礎となった事実が更正処分前の税額の計算の基礎とされていなかったことについて、通則法第65条第 4 項第 1 号に規定する「正当な理由」があるとは認められない。これを前提に、当審判所において、請求人の過少申告加算税の額を計算すると、別表15のとおりとなり、賦課決定処分の金額と同額となる。

　　　　したがって、平成31年 2 月課税期間の消費税等に係る過少申告加算税の賦課決定処分は適法である。

　　(ロ)　他方、上記ホの(ロ)のとおり、令和 2 年 2 月課税期間の消費税等の更正処分については、その一部を取り消すべきであるから、これに伴い令和 2 年 2 月課税期間の消費税等に係る過少申告加算税の賦課決定処分の基礎となる税額は○○○○円となるところ、当該更正処分により納付すべき税額の計算の基礎となった事実が更正処分前の税額の計算の基礎とされていなかったことについて、通則法第65条第 4 項第 1 号に規定する「正当な理由」があるとは認められない。これを前提に、当審判所において、請求人の過少申告加算税の額を計算すると、別表15のとおりとなり、賦課決定処分の金額を下回る。

　　　　したがって、令和 2 年 2 月課税期間に係る消費税等の過少申告加算税の賦課決定処分は、その一部を別紙 4 「取消額等計算書」のとおり取り消すべきである。

(6)　結論

　　よって、審査請求には理由があるから、原処分の一部を取り消すこととする。

別表1　審査請求に至る経緯（法人税）（省略）

別表2　審査請求に至る経緯（地方法人税）（省略）

別表3　審査請求に至る経緯（消費税等）（省略）

別表4　本件各建物の取得価額（請求人）（省略）

別表5　本件各建物の減価償却費の額（請求人）（省略）

別表6　本件各建物の取得に係る支払対価の額（請求人）（省略）

別表7　本件各建物の取得価額（原処分庁）（省略）

別表8　本件各建物の減価償却費の額（原処分庁）（省略）

別表9　本件各建物の取得に係る支払対価の額（原処分庁）（省略）

別表10　本件各建物の取得価額（審判所認定額）（省略）

別表11　本件各建物の減価償却費の額（審判所認定額）（省略）

別表12　本件各事業年度の法人税（審判所認定額）（省略）

別表13　令和3年2月課税事業年度の地方法人税（審判所認定額）（省略）

別表14　本件各建物の取得に係る支払対価の額（審判所認定額）（省略）

別表15　本件各課税期間の消費税等（審判所認定額）（省略）

別紙1から4　取消額等計算書（省略）

三　相続税法関係

〈令和5年4月〜6月分〉

事例 4 （相続税の課税価格の計算　債務控除　その他の債務）

　　相続開始後にされた修繕工事代金相当額は、相続税の課税価格の計算における債務
控除をすることができないと判断した事例（令和元年 8 月相続開始に係る相続税の更
正処分及び過少申告加算税の賦課決定処分・棄却・令和 5 年 6 月27日裁決）

《ポイント》
　　本事例は、被相続人が生前にした工事請負契約に基づき、相続開始後にされた修繕
工事に係る請負代金相当額は、相続開始当時、工事が着工されていないことや、従前
どおり賃借人が使用収益していたことなどの現況に照らし、その履行が確実と認めら
れる債務には当たらないと判断したものである。

《要旨》
　　請求人は、相続により取得した賃貸倉庫に係る修繕工事（本件修繕工事）について、
被相続人は、①生前に請負契約を締結していたことから、相続開始日時点に当該請負契
約に係る支払債務を負っていたと認められ、また、②民法第606条《賃貸人による修繕
等》第 1 項の規定に基づき、当該賃貸倉庫に係る土間床の修繕義務を負っていたことか
ら、相続税の課税価格の計算上、その請負代金相当額を債務控除することができる旨主
張する。
　　しかしながら、被相続人は、①本件修繕工事の着工日前である相続開始日時点におい
て、その請負代金の支払債務の履行を施工業者から求められる状況になく、その履行の
要否すらも不確実な状況にあり、また、②本件修繕工事の着工日までは、従前どおり賃
借人が賃貸倉庫を引き続き使用収益していたなどの状況からは、当該賃貸倉庫に係る修
繕は、任意の履行が事実上期待されていたにすぎないものであったとみるのが相当であ
ることからすると、当該請負代金の支払債務ないし当該賃貸倉庫に係る修繕義務は、そ
の履行が確実と認められる債務には当たらないというべきであるから、相続税の課税価
格の計算上、当該請負代金相当額を債務控除することはできない。

《参照条文等》
　　相続税法第13条第 1 項、第14条第 1 項

《参考判決・裁決》

平成31年4月19日裁決（裁決事例集 No.115）

（令和5年6月27日裁決）

《裁決書（抄）》

1 事　実

(1)　事案の概要

　　　本件は、審査請求人（以下「請求人」という。）が、相続により取得した賃貸倉庫に係る修繕工事の請負代金相当額について相続税の課税価格の計算上控除すべき債務として申告したところ、原処分庁が、当該修繕工事に係る債務は相続開始の際現に存する被相続人の債務で確実と認められるものに当たらないとして更正処分等をしたのに対し、請求人が、当該修繕工事に係る債務はその存在と履行が確実と認められるとして、当該更正処分等の全部の取消しを求めた事案である。

(2)　関係法令

　イ　相続税法第13条《債務控除》第1項は、相続により取得した財産について、課税価格に算入すべき価額は、当該財産の価額から被相続人の債務で相続開始の際現に存するもの（同項第1号）及び被相続人に係る葬式費用（同項第2号）の金額のうち、当該相続により財産を取得した者の負担に属する部分の金額を控除した金額による旨規定している。

　ロ　相続税法第14条第1項は、同法第13条の規定によりその金額を控除すべき債務は、確実と認められるものに限る旨規定している。

(3)　基礎事実

　　　当審判所の調査及び審理の結果によれば、次の事実が認められる。

　イ　相続について

　　(イ)　D（以下「本件被相続人」という。）は、令和元年8月○日（以下「本件相続開始日」という。）に死亡し、本件被相続人に係る相続（以下「本件相続」という。）が開始した。本件相続に係る共同相続人は、いずれも本件被相続人の子である請求人、E及びFの3名である。

　　(ロ)　請求人は、a市b町○-○及び○に所在する建物（家屋番号：○○○○、種類：倉庫・事務所、構造：鉄骨造亜鉛メッキ鋼板葺2階建、延べ床面積：2,535.81㎡。）を本件相続により取得した。

　ロ　上記イの(ロ)の建物に係る修繕工事に至る経緯等について

　　(イ)　本件被相続人は、平成26年10月1日以降、上記イの(ロ)の建物（倉庫・事務

所）をＧ社に賃貸し、同社（以下「本件賃借人」という。）は、賃貸借契約で定める使用目的に従い、当該建物（以下「本件賃貸倉庫」という。）を本件賃借人の配送センター及び事務所として使用していた。

(ロ)　本件賃借人は、本件賃貸倉庫に係る土間床の沈下について、建築コンサルタント会社に調査を依頼したところ、平成30年８月10日に、同社から、地盤沈下により部分的に沈下しており、最大で10cm弱沈下していることが確認された旨の指摘を受けた。

(ハ)　本件賃借人は、平成30年11月27日に、本件被相続人に対し、本件賃貸倉庫に係る土間床が沈下していることを伝え、その修繕工事について相談したところ、平成31年３月下旬に、本件被相続人から、当該修繕工事を行う旨の連絡を受けた。

(ニ)　本件被相続人は、Ｈ社（以下「本件施工業者」という。）との間で、令和元年５月７日付の注文書及び注文請書を取り交わし、同日に本件賃貸倉庫に係る土間床の修繕工事に関する請負契約を締結した。

　　なお、上記の注文書及び注文請書には、着工日が令和元年５月20日、請負代金が21,556,800円（工事価格19,960,000円及び消費税等の額1,596,800円）と記載されているほか、添付されていた民間建設工事標準請負契約約款（以下「本件約款」という。）の第27条第１項には、工事完了後、監理者による検査（以下「完了検査」という。）に合格したときは、受注者は発注者に目的物を引き渡し、同時に、発注者は受注者に請負代金の支払を完了する旨定められている。

(ホ)　本件被相続人は、令和元年５月10日頃に本件賃借人からの要請を受けて、本件賃貸倉庫に係る土間床の修繕工事の着工日を令和元年９月下旬以降に変更することとし、これに基づき本件施工業者との間で、令和元年５月14日付の注文書（変更）及び注文請書（変更）を取り交わし、同日に上記(ニ)の請負契約を変更した（以下、当該注文書（変更）及び注文請書（変更）により変更された後の請負契約を「本件請負契約」という。）。

　　なお、上記の注文書（変更）及び注文請書（変更）には、着工日を令和元年10月１日、請負代金を21,956,000円（工事価格19,960,000円及び消費税等の額1,996,000円。以下「本件請負代金」という。）に変更する旨記載されている。

(ヘ)　本件施工業者は、本件請負契約に基づき、令和元年９月下旬から同年11月上

旬までの間に、本件賃貸倉庫に係る土間床の修繕工事を実施した（以下、本件
請負契約に基づく当該修繕工事を「本件修繕工事」という。）。

　　なお、本件施工業者は、令和元年10月下旬に、請求人及び本件賃借人の立会
いの下、本件修繕工事に係る完了検査を実施した。その後、本件施工業者は、
当該完了検査の際に本件賃借人から指摘された箇所の手直し工事を行い、同年
11月上旬に、請求人に対して本件請負代金に係る請求書を発行した。

　㈧　請求人は、上記㈥の請求書に基づき、令和元年11月15日に、本件請負代金を
本件施工業者に支払った。

(4)　審査請求に至る経緯

　イ　請求人は、本件相続に係る相続税（以下「本件相続税」という。）について、
別表の「当初申告」欄のとおり記載した申告書を法定申告期限までに原処分庁に
提出した。

　　なお、請求人は、上記申告書において、本件請負代金相当額を債務控除の額と
して計上していた。

　ロ　次いで、請求人は、本件相続税について、原処分庁所属の調査担当職員の調査
を受け、令和4年4月14日に、別表の「修正申告」欄のとおり記載した修正申告
書を原処分庁に提出した。

　　なお、請求人は、上記修正申告書においても、本件請負代金相当額を債務控除
の額として計上していた。

　ハ　原処分庁は、これに対し、上記ロの調査に基づき、本件請負代金相当額を債務
控除することはできないとして、令和4年4月28日付で、請求人に対し、本件相
続税について、別表の「更正処分等」欄のとおりの更正処分（以下「本件更正処
分」という。）及び過少申告加算税の賦課決定処分（以下「本件賦課決定処分」
という。）をした。

　ニ　請求人は、令和4年7月15日に、これらの処分を不服として、再調査の請求を
したところ、再調査審理庁は、同年10月13日付でいずれも棄却の再調査決定をし
た。

　ホ　請求人は、令和4年11月8日に、再調査決定を経た後の本件更正処分及び本件
賦課決定処分に不服があるとして、審査請求をした。

2　争　点

本件相続税の課税価格の計算上、本件請負代金相当額を債務控除することができないか否か。具体的には、請求人の主張する債務（本件請負代金の支払債務及び本件賃貸倉庫に係る土間床の修繕義務）が相続税法第14条第1項にいう「確実と認められる」債務に当たるか否か。

3　争点についての主張

原処分庁	請求人
次の(1)及び(2)のとおり、本件相続税の課税価格の計算上、本件請負代金相当額を債務控除することはできない。	次の(1)及び(2)のとおり、本件相続税の課税価格の計算上、本件請負代金相当額を債務控除することができる。
(1)　本件請負代金の支払債務について	(1)　本件請負代金の支払債務について
本件約款には、本件請負代金の支払は、目的物の引渡しと同時に完了する旨定められているところ、本件相続開始日時点では本件修繕工事が着工すらされていない状況にあったことからすれば、本件相続開始日時点において、本件施工業者は、本件被相続人に対して本件請負代金を請求する権利を有しておらず、本件被相続人も、本件請負代金を支払う義務はなかったと認められる。	本件相続開始日時点において、本件請負契約が有効に成立していたことからすれば、本件被相続人は、本件相続開始日時点で、本件施工業者に対し、未払金債務として本件請負代金の支払債務を負っていたと認められる。
さらに、本件約款には、発注者は受注者の損害を賠償すればいつでも契約を解除できる旨定められていることから、請求人は、本件相続開始日後に請求人の意思によって本件請負契約を解除することが可能であった。また、本件相続開始日時点で本件請負契約を解除したとしても、請求人が本件施工業者に対し賠償すべき損害はなかったものと認められる。	また、請求人は、本件請負契約に従い、本件相続開始日後に本件請負代金を支払っていることからすれば、本件相続開始日時点において、本件請負代金の支払債務はその履行が確実であったと認められる。
	したがって、本件請負代金の支払債務は、本件相続開始日時点において、債務として存在しており、その履行も確実であったと認められるから、本件請負代金相当額を債務控除することができる。

したがって、本件請負代金の支払債務
は、本件相続開始日時点において、債務
として存在せず、その履行が確実であっ
たとも認められないから、本件請負代金
相当額を債務控除することはできない。

(2) 本件賃貸倉庫に係る土間床の修繕義務
について

本件被相続人と本件賃借人との間で本
件修繕工事の着工日を令和元年９月下旬
以降にする旨合意していたことからすれ
ば、本件賃貸倉庫に係る土間床の修繕義
務の内容は、同時期以降に本件修繕工事
を実施することである。そうすると、本
件賃借人が本件賃貸倉庫に係る土間床の
修繕義務に基づいて本件被相続人に対し
その履行を求めることができるのも、同
時期以降であるから、本件相続開始日時
点において、当該修繕義務は債務として
認識されない。

また、本件被相続人と本件賃借人は、
本件賃借人の希望する令和元年９月下旬
以降に本件修繕工事を実施する旨合意し
ていたこと、及び本件賃借人は、少なく
とも地盤沈下が発覚してから本件修繕工
事の着工日（令和元年９月下旬）までの
間、本件賃貸倉庫を使用収益できていた
ことからすれば、本件賃貸倉庫に係る土
間床の修繕義務が債務として認識された
としても、そのタイミングは早くとも本

(2) 本件賃貸倉庫に係る土間床の修繕義務
について

本件被相続人は、民法第606条《賃貸
人による修繕等》第１項の規定に基づ
き、本件賃貸倉庫に係る土間床の修繕義
務を負っていることからすれば、本件被
相続人が当該修繕義務に基づく修繕工事
の実施を本件賃借人に連絡した時点（平
成31年３月下旬）で、債務の存在は確実
なものとなっていた。

また、本件賃貸倉庫に係る土間床の修
繕義務は、本件被相続人が本件請負契約
を締結したことによって、その履行が法
的に拘束されることとなり、履行せざる
を得ない蓋然性が整っていたと評価でき
ることや、請求人が本件相続開始日後に
本件請負契約に従って本件修繕工事を実
施し本件請負代金を支払っていることか
らすれば、本件相続開始日時点におい
て、その履行も確実であったと認められ
る。

したがって、本件賃貸倉庫に係る土間
床の修繕義務は、本件相続開始日時点に
おいて、債務として存在しており、その

件修繕工事の着工日（令和元年9月下旬）であることから、本件相続開始日（令和元年8月○日）時点において、その債務の履行義務が法律的に強制され、あるいは、事実上履行せざるを得ない蓋然性があったとは認められない。 　したがって、本件賃貸倉庫に係る土間床の修繕義務については、本件相続開始日時点において、債務として存在せず、その履行が確実であったとも認められないから、本件請負代金相当額を債務控除することはできない。	履行も確実であったと認められるから、本件請負代金相当額を債務控除することができる。

4　当審判所の判断

(1)　認定事実

　　請求人提出資料、原処分関係資料並びに当審判所の調査及び審理の結果によれば、次の事実が認められる。

イ　本件賃借人は、上記1の(3)のロの(ロ)のとおり、建築コンサルタント会社から本件賃貸倉庫に係る土間床の沈下について指摘を受けたが、その後も、少なくとも本件修繕工事の着工日（令和元年9月下旬）までは、従前どおり本件賃貸倉庫を配送センター及び事務所として引き続き使用収益していた。

　　なお、上記1の(3)のロの(ホ)の本件賃借人からの着工日変更に係る要請は、繁忙期である夏場に工事のため倉庫の一部が使用できないと業務に支障が生ずることを理由としたものであった。

ロ　本件修繕工事は、本件賃貸倉庫のうち配送センターとして使用されている部分の土間床の全面について実施する予定で着工し、その内容は本件賃借人にも伝えられていたが、実際には予定の約半分の面積分しか実施されていなかった。

ハ　本件賃借人は、令和4年1月に、上記1の(3)のロの(ロ)の建築コンサルタント会社による再調査によって上記ロの事実を知り得たが、その後1年以上、残りの面積分について工事未了のまま引き続き本件賃貸倉庫を使用収益していた。

(2)　法令解釈

　　相続税法第14条第１項は、同法第13条の規定によりその金額を控除すべき債務は、確実と認められるものに限る旨規定しているところ、同項にいう確実と認められる債務とは、相続開始当時の現況に照らし、その履行が確実と認められるものをいうと解される。

(3)　検討

　　これを本件についてみると、本件請負代金の支払債務又は本件賃貸倉庫に係る土間床の修繕義務が債務控除すべき債務に当たるというには、上記(2)のとおり、本件相続開始日当時の現況に照らし、その履行が確実と認められる債務であることを要するから、これらの支払債務ないし修繕義務について以下検討する。

　イ　本件請負代金の支払債務について

　　(イ)　上記１の(3)のロの(ニ)のとおり、本件請負契約においては、本件修繕工事の終了後、完了検査に合格することが本件請負代金の請求及び支払との関係で先履行とされていたことに加え、同(ヘ)のとおり、本件修繕工事は、令和元年９月下旬から同年11月上旬までの間に実施されたものである。そうすると、本件修繕工事の着工日（令和元年９月下旬）前である本件相続開始日（令和元年８月○日）時点において、本件被相続人は本件施工業者から本件請負代金の支払債務の履行を求められる状況になく、その履行の要否すらも不確実な状況にあったといえるから、本件請負代金の支払債務は、本件相続開始日当時の現況に照らし、その履行が確実と認められる債務には当たらないというべきである。

　　(ロ)　この点、請求人は、上記３の「請求人」欄の(1)のとおり、本件相続開始日後に本件請負代金を支払っていることからすれば、本件請負代金の支払債務は、本件相続開始日時点においてその履行が確実であったと認められる旨主張する。

　　　　しかしながら、請求人が本件相続開始日後に本件請負代金を支払っているからといって、上記(イ)で述べたとおり、本件修繕工事の着工日（令和元年９月下旬）前である本件相続開始日（令和元年８月○日）時点で、本件被相続人は本件施工業者から本件請負代金の支払債務の履行を求められる状況になく、その履行の要否すらも不確実な状況にあったことに変わりはないから、その履行が確実と認められる債務には当たらないとした判断が左右されるものではない。

　　　　したがって、この点に関する請求人の主張には理由がない。

ロ　本件賃貸倉庫に係る土間床の修繕義務について

(イ)　本件賃借人は、上記(1)のイのとおり、土間床の沈下について指摘を受けた以降も、少なくとも本件修繕工事の着工日までは、従前どおり本件賃貸倉庫を引き続き使用収益していた。さらに、本件賃借人は、上記(1)のロ及びハのとおり、本件修繕工事が当初予定の約半分の面積分しか実施されていなかったにもかかわらず、その事実を知った以降も工事未了のまま引き続き本件賃貸倉庫を使用収益していた。そして、当審判所の調査によっても、本件賃借人が、本件被相続人に対し、土間床の沈下を理由とする賃料の減額や本件修繕工事の履行を強く要請したような事情も見当たらない。そうすると、本件修繕工事は、本件相続開始日の前後を通じ、飽くまで本件被相続人ないし請求人による任意の履行が事実上期待されていたにすぎないものであったとみるのが相当であり、本件賃貸倉庫に係る土間床の修繕義務は、本件相続開始日当時の現況に照らし、その履行が確実と認められる債務には当たらないというべきである。

(ロ)　この点、請求人は、上記3の「請求人」欄の(2)のとおり、本件被相続人が本件請負契約を締結したことによって、本件賃貸倉庫に係る土間床の修繕義務は、その履行が法的に拘束されることになり、履行せざるを得ない蓋然性が整っていたと評価できることや、請求人が本件相続開始日後に本件請負契約に従って本件修繕工事を実施し本件請負代金を支払っていることからすれば、その履行が確実であったと認められる旨主張する。

しかしながら、そもそも本件請負契約は、本件修繕工事の完了・引渡し後に本件請負代金の支払を本件被相続人に義務付けるものではあるが、本件被相続人に対して本件賃貸倉庫に係る土間床の修繕義務の履行を法的に強制することまでを内容とするものではない。また、請求人が本件相続開始日後に本件請負契約に従って本件修繕工事を実施し本件請負代金を支払っているからといって、上記(イ)で述べたとおり、本件修繕工事は、本件相続開始日の前後を通じ、飽くまで本件被相続人ないし請求人による任意の履行が事実上期待されていたにすぎないものであったとみるのが相当であることに変わりはないから、その履行が確実と認められる債務には当たらないとした判断が左右されるものではない。

したがって、この点に関する請求人の主張には理由がない。

ハ　小括

以上によれば、本件相続税の課税価格の計算上、本件請負代金相当額を債務控
　　除することはできない。

(4)　請求人のその他の主張について

　　　請求人は、本件請負代金相当額については、その全額が資本的支出ではなく修繕
　　費に該当し、工事業者2社から見積りを徴し決定した金額として妥当なものである
　　旨主張する。

　　　しかしながら、仮に請求人の主張を前提としても、上記3の「請求人」欄の(1)及
　　び(2)において請求人の主張する債務はいずれもその履行が確実と認められる債務に
　　は当たらないとした上記(3)のイの(イ)及び同ロの(イ)の判断が左右されるものではない。

　　　したがって、上記請求人の主張には理由がない。

(5)　本件更正処分の適法性について

　　　上記(3)のハのとおり、本件相続税の課税価格の計算上、本件請負代金相当額を債
　　務控除することはできず、これを前提に本件相続税の課税価格及び納付すべき税額
　　を計算すると、いずれも本件更正処分の金額と同額となる。

　　　なお、本件更正処分のその他の部分については、請求人は争わず、当審判所に提
　　出された証拠資料等によっても、これを不相当とする理由は認められない。

　　　したがって、本件更正処分は適法である。

(6)　本件賦課決定処分の適法性について

　　　上記(5)のとおり、本件更正処分は適法であり、また、本件更正処分により納付す
　　べき税額の計算の基礎となった事実が本件更正処分前の税額の計算の基礎とされて
　　いなかったことについて、国税通則法第65条《過少申告加算税》第4項第1号に規
　　定する正当な理由があるとは認められないから、同条第1項の規定に基づいてされ
　　た本件賦課決定処分は適法である。

(7)　結論

　　　よって、審査請求には理由がないから、これを棄却することとする。

別表　審査請求に至る経緯（省略）

事例5 （連帯納付義務）

> 相続税法第34条第1項が規定する「相続等により受けた利益の価額に相当する金額」の算定に当たり、相続等により取得した財産の価額から控除すべき金額は、相続等により財産を取得することに伴って現実に支払義務が生じた金額と解することが相当であるとした事例（連帯納付義務の納付通知処分・棄却・令和5年6月21日裁決）
>
> 《ポイント》
> 　本事例は、連帯納付責任限度額の算定において、相続登記に係る登録免許税は、連帯納付の通知処分時までに現実に納付した税額だけを相続等により取得した財産の価額から控除することが相当であることを明らかにしたものである。

《要旨》

　請求人は、原処分庁がした相続税の連帯納付義務の納付通知処分（本件通知処分）について、連帯納付責任の限度額の算定に当たり、相続等により取得した財産の価額から①相続財産の不動産登記を行う場合の司法書士報酬、登録免許税及び印紙税等の各見積額並びに②相続税申告等のための税理士報酬及び本件通知処分等に対応するための弁護士報酬の各負担額が控除されていないため違法である旨主張する。

　しかしながら、相続税法第34条第1項に規定する「相続等により受けた利益の価額に相当する金額」とは、相続人等が現実に取得した利益の価額に相当する金額であって、現実に支払義務が生じた金額を控除した後の金額と解するのが相当である。そして、相続税法基本通達34-1（本件通達）において、「相続等により受けた利益の価額」とは、相続等により取得した財産の価額から、相続税法第13条に規定する債務控除の額のほか、相続等により取得した財産に係る相続税額及び登録免許税額を控除した後の金額をいう旨定めているところ、①相続財産である不動産は、いずれも相続による権利の移転の登記がされていないため、司法書士報酬及び登録免許税等の各見積額は請求人に現実に支払義務が生じたものとは認められず、②税理士報酬等は、相続税額のように納税義務に基づいて当然に負担が生じるものではないし、登録免許税額のように一般的に生じるものとも言い難いものであり、本件通達に定める債務控除の額等のいずれにも該当しないことから、請求人の主張する各金額は、連帯納付責任限度額の算定に当たり相続等によ

り取得した財産の価額から控除することはできない。

《参照条文》

相続税法第34条第1項

相続税法基本通達34−1

（令和 5 年 6 月 21 日裁決）

《裁決書（抄）》

1 事 実

(1) 事案の概要

　　本件は、共同相続人の一人に係る滞納相続税を徴収するため、原処分庁が審査請求人（以下「請求人」という。）に連帯納付義務があるとして連帯納付義務の納付通知処分をしたのに対し、請求人が、当該納付通知処分の基となった課税処分が無効であること、また、仮に当該課税処分が無効でないとしても、当該納付通知処分は制限納税義務者である請求人に対し連帯納付義務者として非居住無制限納税義務者である共同相続人に課税された相続税の納付を求める違法なものであることなどを理由として、原処分の全部の取消しを求めた事案である。

(2) 関係法令等

イ　国税通則法（以下「通則法」という。）第105条《不服申立てと国税の徴収との関係》第 1 項本文は、国税に関する法律に基づく処分に対する不服申立ては、その目的となった処分の効力、処分の執行又は手続の続行を妨げない旨規定している。

ロ　相続税法（平成29年法律第 4 号による改正前のもの。以下同じ。）第 1 条の 3 《相続税の納税義務者》第 1 項第 2 号イは、相続又は遺贈（以下「相続等」という。）により財産を取得した日本国籍を有する個人（当該個人又は当該相続等に係る被相続人が当該相続等に係る相続の開始前 5 年以内のいずれかの時においてこの法律の施行地に住所を有していたことがある場合に限る。）であって、当該財産を取得した時においてこの法律の施行地に住所を有しないものは、相続税を納める義務がある旨規定している（以下、この規定に該当する相続税の納税義務者を「非居住無制限納税義務者」といい、同項第 1 号及び第 2 号ロの各規定に該当する相続税の納税義務者と併せて「無制限納税義務者」という。）。

ハ　相続税法第 1 条の 3 第 1 項第 3 号は、相続等によりこの法律の施行地にある財産を取得した個人で当該財産を取得した時においてこの法律の施行地に住所を有しないもの（同項第 2 号に掲げる者を除く。）は、相続税を納める義務がある旨規定している（以下、この規定に該当する相続税の納税義務者を「制限納税義務者」という。）。

ニ　相続税法第２条《相続税の課税財産の範囲》第１項は、同法第１条の３第１項第１号又は第２号の規定に該当する者については、その者が相続等により取得した財産の全部に対し、相続税を課する旨規定し、同法第２条第２項は、同法第１条の３第１項第３号の規定に該当する者については、その者が相続等により取得した財産でこの法律の施行地にあるものに対し、相続税を課する旨規定している。

ホ　相続税法第34条《連帯納付の義務等》第１項本文は、同一の被相続人から相続等により財産を取得した全ての者は、その相続等により取得した財産に係る相続税について、当該相続等により受けた利益の価額に相当する金額を限度として、互いに連帯納付の責めに任ずる旨規定し（以下、この規定により当該相続税について連帯納付の責めに任ずる者を「連帯納付義務者」といい、当該連帯納付の責めを「連帯納付義務」という。）、同項ただし書は、同項各号に掲げる者の区分に応じ、当該各号に定める相続税については、この限りでない旨規定している。そして、同項第１号は、納税義務者の同法第33条《納付》又は通則法第35条《申告納税方式による国税等の納付》第２項若しくは第３項の規定により納付すべき相続税額に係る相続税について、相続税法第27条《相続税の申告書》第１項の規定による申告書の提出期限（当該相続税が更正又は賦課決定に係る相続税額に係るものである場合には、当該更正又は賦課決定に係る通知書を発した日とする。）から５年を経過する日までに税務署長（通則法第43条《国税の徴収の所轄庁》第３項の規定により国税局長が徴収の引継ぎを受けた場合には、当該国税局長。以下同じ。）が相続税法第34条第１項本文の規定により当該相続税について連帯納付義務者に対し同条第６項の規定による通知を発していない場合における当該連帯納付義務者は、当該納付すべき相続税額に係る相続税の連帯納付義務を負わない旨規定している。

ヘ　相続税法第34条第５項は、税務署長は、納税義務者の相続税につき当該納税義務者に対し通則法第37条《督促》の規定による督促をした場合において当該相続税が当該督促に係る督促状を発した日から一月を経過する日までに完納されないときは、同条の規定にかかわらず、当該相続税に係る連帯納付義務者に対し、当該相続税が完納されていない旨その他の財務省令で定める事項を通知するものとする旨規定している。

ト　相続税法第34条第６項は、税務署長は、同条第５項の規定による通知をした場

合において同条第１項本文の規定により相続税を連帯納付義務者から徴収しよう
とするときは、当該連帯納付義務者に対し、納付すべき金額、納付場所その他必
要な事項を記載した納付通知書による通知をしなければならない旨規定している。

チ　相続税法基本通達（昭和34年１月28日付直資10）34－１《「相続等により受け
た利益の価額」の意義》（以下「本件通達」という。）は、相続税法第34条第１項
に規定する「相続等により受けた利益の価額」とは、相続等により取得した財産
の価額から同法第13条《債務控除》の規定による債務控除の額並びに相続等によ
り取得した財産に係る相続税額及び登録免許税額を控除した後の金額をいうもの
とする旨定めている。

(3)　基礎事実

当審判所の調査及び審理の結果によれば、以下の事実が認められる。

イ　請求人の父であるＦ（以下「本件被相続人」という。）は、平成〇年〇月〇日
に死亡し、その相続（以下「本件相続」という。）が開始した。本件被相続人は、
〇〇（以下「〇〇」という。）を有しており、また、日本国内に住所を有してい
なかった。

ロ　本件相続に係る共同相続人は、本件被相続人の長男であるＧ（以下「本件長
男」という。）、同二男であるＨ、同長女である請求人、同二女であるＪ、同三男
であるＫ及び同三女であるＬの合計６名である（以下、上記共同相続人６名を併
せて「本件相続人ら」という。）。本件長男は、〇〇を有していたが、本件相続の
開始日時点において、日本国内に住所を有していなかった。また、本件長男を除
く本件相続人らは、いずれも日本国籍を有しておらず、本件相続の開始日までの
間、日本国内に生活の本拠がなかった制限納税義務者である。

ハ　本件被相続人は、本件相続の開始日において、日本国内のみならず、〇〇を
はじめとする日本国外にも財産を有していた。

ニ　本件相続人らは、平成〇年〇月〇日、本件被相続人の財産のうち、日本国内に
所在する不動産等の財産の一部について遺産分割協議（以下「本件遺産分割協
議」という。）を成立させ、本件長男を除く本件相続人らで当該財産を取得した。

(4)　審査請求に至る経緯

イ　本件相続人らによる本件相続に係る相続税の申告状況

本件相続人らは、本件相続に係る相続税（以下「本件相続税」という。）の申

告書を法定申告期限までに共同してM税務署長に提出して申告をした（以下、この申告を「本件申告」という。）。

なお、本件申告は、本件遺産分割協議に基づいて分割した日本国内の財産についてのみ申告するものであり、請求人の申告の状況は、別表１の「申告」欄のとおりであった。

ロ　本件長男の死亡とその納税義務の承継

本件長男は、令和○年○月○日に死亡し、その子でありかつ唯一の相続人であるＥ（以下「本件納税者」という。）は、通則法第５条《相続による国税の納付義務の承継》第１項の規定に基づき、本件長男に課されるべき本件相続税の納付義務を承継した。

ハ　Ｎ税務署長による更正処分等と不服申立て

Ｎ税務署長は、本件相続税について、令和２年６月29日付で、本件納税者に対し、相続税の更正処分及び過少申告加算税の賦課決定処分（以下、これらを併せて「Ｎ更正処分等」という。）をした。なお、Ｎ更正処分等については、請求人に対する下記ホ(ニ)の納付通知書による通知の前までに審査請求がされた。

ニ　M税務署長による更正処分等と不服申立て

(イ)　M税務署長は、本件相続税について、本件長男は○○を有し、平成27年６月26日に日本を出国するまでは日本国内に住所を有していたから非居住無制限納税義務者に該当する旨認定した上で、本件被相続人が所有していた日本国外に所在する未分割の土地及び建物のうち本件長男の法定相続分相当額が、本件申告における課税価格の合計額に算入されていないなどとして、令和３年７月６日付で、請求人に対し、別表１の「更正処分等」欄のとおり、相続税の更正処分及び過少申告加算税の賦課決定処分（以下、これらを併せて「M更正処分等」という。）をした。

(ロ)　請求人は、M更正処分等を不服として令和３年10月６日に審査請求をした。

ホ　本件納税者に係る本件相続税の滞納と原処分

(イ)　Ｎ税務署長は、Ｎ更正処分等に基づく本件納税者に係る本件相続税がその納期限までに完納されなかったことから、通則法第37条第１項の規定に基づき、本件納税者に対し、令和２年８月３日付の督促状によりその納付を督促した。

(ロ)　原処分庁は、通則法第43条第３項の規定に基づき、令和２年８月21日、上記

(ｲ)の督促に係る滞納国税について、Ｎ税務署長から徴収の引継ぎを受けた。

(ﾊ)　原処分庁は、上記(ｲ)の督促後一月を経過しても上記(ｲ)の督促に係る滞納国税
（令和４年４月27日現在の明細は別表２のとおりであり、以下「本件滞納国税」
という。）が完納されなかったことから、相続税法第34条第５項の規定に基づ
き、令和３年12月６日付で、請求人に対して、①本件相続税について、請求人
以外の相続人に対して督促がされたが完納されていないこと、②請求人には同
条第１項本文に規定する連帯納付義務が課されていること、③連帯納付義務の
制度により実際に請求人に相続税の納付を求める場合には、改めて「納付通知
書」が送付されることなどを記載した「相続税の連帯納付義務について」と題
する文書により通知をした。

(ﾆ)　原処分庁は、本件滞納国税を請求人から徴収するため、相続税法第34条第６
項の規定に基づき、令和４年４月27日付で、請求人に対して、①請求人が負う
連帯納付義務に係る国税が本件滞納国税であること、②納付場所が日本銀行本
店等であること、③本来の納税義務者及び他の相続人と連帯して納付すべき限
度の額（以下「連帯納付責任限度額」という。）は相続等により受けた利益の
価額に相当する金額である○○○○円（以下「本件限度額」という。別表３の
「原処分庁主張額」欄のとおり。）であることなどを記載した納付通知書により
通知をした（以下、この通知処分を「本件通知処分」という。）。

ヘ　審査請求

請求人は、本件通知処分を不服として令和４年７月27日に審査請求をした。

ト　本件通知処分後の事実等

(ｲ)　国税不服審判所長は、Ｍ更正処分等に係る上記ニ(ﾛ)の審査請求について、令
和○年○月○日付で、別表１の「裁決」欄のとおり、その一部を取り消す裁決
（○裁（諸）令○第○号。以下「前回裁決」という。）をした。なお、その後、
Ｍ更正処分等の全てが取り消された事実はない。

(ﾛ)　国税不服審判所長は、Ｎ更正処分等に係る上記ハの審査請求について、令和
○年○月○日付で、その一部を取り消す裁決をした。なお、その後、Ｎ更正処
分等の全てが取り消された事実はない。

2　争　点

(1)　本件通知処分は、無効なＭ更正処分等に基づく違法なものか否か（争点１）。

(2) 本件通知処分の基となったM更正処分等が無効でない場合、本件通知処分は、日本国外に所在する相続財産について相続税の納付義務を負わない制限納税義務者に対し、連帯納付義務者として本件滞納国税の納付を求める違法なものか否か（争点2）。

(3) 本件通知処分は、その基となった各課税処分に係る審査請求中にされたことを理由に違法となるか否か（争点3）。

(4) 本件通知処分は不当な処分であるか否か（争点4）。

(5) 本件限度額は過大であるか否か（争点5）。

3 争点についての主張

(1) 争点1（本件通知処分は、無効なM更正処分等に基づく違法なものか否か。）について

請求人	原処分庁
行政処分の重大かつ明白な瑕疵については、行政処分の無効事由となり、課税処分が無効である場合にはそれに基づく徴収処分も無効になるから、徴収処分の不服申立てにおいて、課税処分が無効であることを主張することは許されるべきである。 　ところで、本件通知処分によって請求人から徴収しようとする本件滞納国税の額の計算は、N更正処分等における相続財産全体の課税価格と同額のM更正処分等における課税価格を根拠に行われている。 　そして、M更正処分等には、以下のイのとおり、そもそも制限納税義務者である本件長男を非居住無制限納税義務者と判断して日本国外に所在する財産への課	課税処分と滞納処分とは、それぞれの目的及び効果を異にする別個の独立した行政処分であるから、これらが先行処分と後行処分の関係にある場合においても、課税処分にこれを無効といい得る瑕疵が存するか又はそれが権限ある機関により取り消された場合でない限り、当該課税処分の瑕疵は滞納処分の効力に影響を及ぼすものではない。 　しかるに、本件相続税に係る各課税処分の基礎とした法律関係や連帯納付責任限度額と常に連動する相続等により取得した財産の評価額に関する請求人の主張は、請求人又は本件納税者の固有の相続税額を争うことにつながるのであるから、先行する課税処分に係る不服申立てによるべきであり、これを連帯納付義務

税を行った点で明らかな相続税法第1条の3の規定違反があるから、重大かつ明白な瑕疵があるか、又は処分の前提を欠くという処分の根幹の過誤があり、また、以下のロのとおり、当該財産への課税に当たり過大な評価額を算定した点においても重大かつ明白な瑕疵があるから、M更正処分等は無効である。

したがって、M更正処分等に無効事由があることにより、本件通知処分も違法無効となる。

イ M更正処分等においては、本件長男が非居住無制限納税義務者に該当するとして日本国外の財産への課税が行われており、原処分庁は、本件長男が平成27年6月に日本を出国するまで日本国内に生活の本拠があったとする前回裁決の理由を引用の上、本件長男が非居住無制限納税義務者に該当する旨主張する。

しかしながら、本件相続の開始日の5年前である平成○年○月○日から平成27年6月までの期間（以下「本件期間」という。）において、①本件長男は日本国内に居住用の土地建物を所有せず、他人所有の建物を賃借して滞在先を転々とし、本件期間中の日本国外

に係る徴収処分の違法事由として主張することは認められない。

なお、以下のイ及びロのとおり、M更正処分等について、重大かつ明白な瑕疵は認められず、また、本件相続税に関するM更正処分等と同一の理由に基づくN更正処分等についても、重大かつ明白な瑕疵は認められず、かつ、N税務署長又は国税不服審判所長により取り消された事実もない。

したがって、M更正処分等は当然に無効ではないから、これに基づく本件通知処分も違法ではない。

イ 本件相続の開始日において○○を有し、日本国内に住民登録があり、平成27年6月26日に日本を出国するまでは1年の大半を日本国内で過ごしていた本件長男が、非居住無制限納税義務者に該当することは、前回裁決における国税不服審判所の調査審理の結果によっても認められていて、M更正処分等の全額が取り消された事実もない。なお、前回裁決によれば、M更正処分等には、請求人が本件相続により取得した財産の価額に1円の計算誤りがあったが、これは重大かつ明白な瑕疵とまではいえない。

滞在日数は約200日であり、滞在先の
ほとんどが身内のいる○○であったこ
と、②本件長男は二つの株式会社の平
取締役であったほかは定職に就かず、
本件納税者からの仕送りを中心として
生活し、当該平取締役の役務は、日本
国内に生活の本拠がなくとも務めるこ
とができるような態様であったこと、
③本件長男は病気のため生計が立た
ず、借金もあり日本国内に十分な資産
を有していなかったことなどから、本
件長男の生活の本拠は日本国内になか
ったのであり、そのほか、本件長男が
日本国内に所在する本件被相続人の財
産を遺産分割によって取得しなかった
のも、日本国内に生活の本拠を置か
ず、日本国内の財産に関心がなかった
ことの証左である。したがって、本件
長男は制限納税義務者であるから、M
更正処分等は相続税法第1条の3の規
定に明らかに違反する。

ロ　本件滞納国税は、日本国外に所在す
る財産について誤って算定された過大
な評価額に基づいたものであって、当
該財産が所在する○○の法律、規制及
び現実的な市場の状況に応じて課税対
象の不動産価値を見直し、相続財産評
価額が大幅に変動する場合には、請求
人の連帯納付責任限度額に影響を及ぼ

ロ　本件被相続人が所有していた日本国
内及び日本国外の財産の評価額は、前
回裁決によっても、M更正処分等の評
価額と同額であったことから、M更正
処分等に重大かつ明白な瑕疵はなく、
本件通知処分の適法性に影響を及ぼす
ものではない。

す可能性がある。当該評価額の算定誤りは、請求人が納付を余儀なくされる連帯納付責任限度額に直接影響を及ぼすものであるから、M更正処分等に重大かつ明白な瑕疵がある場合に当たる。	

(2) 争点2（本件通知処分の基となったM更正処分等が無効でない場合、本件通知処分は、日本国外に所在する相続財産について相続税の納付義務を負わない制限納税義務者に対し、連帯納付義務者として本件滞納国税の納付を求める違法なものか否か。）について

原処分庁	請求人
相続税は、同一の被相続人から相続等により財産を取得した者（以下、相続等により財産を取得した相続人又は受遺者を「相続人等」という。）に対し当該相続に基因する遺産の総額を基礎として計算されるから、本来の納税義務者が相続税を納付しない場合に他の共同相続人に連帯納付義務を全く追及しない場合には、租税債権が満足されないことになる。そこで、相続税法は、本来の納税義務者以外の共同相続人に相続税の連帯納付義務を課すこととしたのであり、連帯納付義務は、相続税法が相続税徴収の確保のため各相続人等に相互に課した特別の責任であって、制限納税義務者を連帯納付義務者から除くとする法令の規定はないし、連帯納付義務の意義を制限納税	相続税法第2条第2項の規定によれば、制限納税義務者には、日本国内に所在する相続財産に対してのみ相続税が課税される。 　ところが、本件通知処分は、非居住無制限納税義務者である本件長男が本件相続により取得した日本国外に所在する財産に対して課税された相続税の納付の不履行に基づいてされており、結果的に、日本国外に所在する財産に対する相続税を制限納税義務者である請求人に課税していることになる。連帯納付義務は無制限納税義務者である納税者に対してのみ適用されるべきであって、制限納税義務者に適用を拡大するべきではない。 　したがって、本件通知処分は、制限納税義務者である請求人に対し、連帯納付

義務者についてのみ別異に解すべき理由はないから、請求人が本件相続により受けた利益の範囲で連帯納付義務を負うことに変わりはない。 　したがって、制限納税義務者である請求人に対し、連帯納付義務者として本件滞納国税の納付を求める本件通知処分は違法なものではない。	義務者として本件滞納国税の納付を求める違法なものである。

(3)　争点3（本件通知処分は、その基となった各課税処分に係る審査請求中にされたことを理由に違法となるか否か。）について

原処分庁	請求人
課税処分は、国税の納付義務を具体化し、その納付すべき税額を確定させることを目的とする処分であるのに対して、滞納処分はその具体化した納税義務の強制的な実現を目的とする処分であるところ、通則法第105条第1項は、国税に関する法律に基づく処分に対する不服申立ては、その目的となった処分の効力、処分の執行又は手続の続行を妨げない旨規定しているから、課税処分に係る審査請求中であっても、その課税処分の効力は妨げられることなく納付すべき税額は確定し、その国税が完納されなければ不服申立て中であっても滞納処分をすることも妨げられない。 　また、連帯納付義務は、本来の納税者の納税義務の確定とともに法律上生じて	本件長男が本件相続により取得した○○所在の土地についてM更正処分等及びN更正処分等において算定された評価額等には誤りがあり、これらは○○の法律、規制及び現実的な市場の状況に応じて見直す必要がある。そして、M更正処分等及びN更正処分等のそれぞれについて審査請求がされており、これらの審査請求が認められ、相続税の課税価格が減少して本件通知処分の基になる相続税の額が減少すれば、請求人の連帯納付責任限度額も減少する可能性がある。ところが、このように最終的な課税財産の金額が確定していないにもかかわらず、本件通知処分は、本件納税者の納税義務が確定し連帯納付義務も確定したと一方的に解釈して行われたものである。

おり、補充性がないから、原処分庁は、本来の納税者とは別個に、請求人に対して本件滞納国税の徴収手続を行うことができるというべきである。	したがって、本件通知処分は、その基となった各課税処分に係る審査請求中にされた違法なものである。
したがって、本件通知処分は、M更正処分等及びN更正処分等の各課税処分が審査請求中である事情等をもって違法とならない。	

(4) 争点4（本件通知処分は不当な処分であるか否か。）について

請求人	原処分庁
本件通知処分が違法でないとしても、請求人は本件長男が取得した○○所在の土地の評価額等の算定に誤りがあるとしてM更正処分等について審査請求中であり、また、本件納税者もN更正処分等について審査請求中であるところ、これらの審査請求が認められれば、本件滞納国税の額及び請求人の連帯納付責任限度額のいずれも減少する可能性があるにもかかわらず、当該減少部分の是正が行われないうちに原処分庁が本件通知処分を行ったのは不当である。	相続税法第34条第6項は、同条第5項の規定による通知をした場合において連帯納付義務者から徴収しようとするときは、当該連帯納付義務者に対し、所定の事項を記載した納付通知書による通知をしなければならない旨規定し、さらに、同条第1項ただし書においては、相続税に係る更正又は決定通知書を発した日から5年を経過する日までに、国税局長が連帯納付義務者に同条第6項の規定による通知をしない場合には当該連帯納付義務者においては連帯納付義務を負わない旨規定していることから、同条第6項に規定する納付通知書による通知を行う時期は国税局長の裁量に委ねられている。
また、原処分庁が、本件納税者に対して納付能力の調査を積極的に行っておらず、本件納税者が日本国外に居住していることを理由に本件納税者と接触を図ることなく本件滞納国税の負担を請求人に求めていることは、租税負担の公平性を	そして、本件相続税について審査請求中であるなどの事情があったとしても、N更正処分等及びM更正処分等により本件

阻害するものであり、不当である。	納税者及び請求人の固有の相続税の納税義務は確定し、その確定の事実に照応して請求人の連帯納付義務は法律上当然に生じていると解されるから、本件通知処分は、連帯納付義務者に不意打ちの感を与えるなどの事態を防止するという同条項の趣旨及び目的に照らして不合理なものとはいえず、不当な処分ではない。 　また、各相続人等の固有の相続税の納税義務が確定すれば、国税の徴収に当たる所轄庁は、連帯納付義務者に対してその履行を求めて徴収手続を行うことが許されるから、原処分庁は、請求人に対し、本件滞納国税に係る連帯納付義務の履行を求めて徴収手続を行うことができるのであり、本来の納税義務者である本件納税者に徴収手続を尽くした後でなければできないというものではない。したがって、請求人が主張する本件納税者に対する納付能力の調査の有無等は本件通知処分の適法性及び妥当性に影響を及ぼすものではない。

(5)　争点5（本件限度額は過大であるか否か。）について

原処分庁	請求人
相続税法第34条第1項に規定する「相続等により受けた利益の価額」は、本件通達の定めのとおり、相続等により取得した財産の価額から、相続税法第13条の	相続税法第34条第1項の規定の趣旨は、相続によって取得した利益を超える課税によって、相続が発生しなかった場合よりも損失を被る結果は連帯納付義務

規定による債務控除の額及び相続等により取得した財産に係る相続税額を控除し、さらに相続登記に要した登録免許税額を控除した後の金額をいう。

そして、相続等により取得した財産の価額は、当該財産の取得の時における時価によるべきであるから、「相続等により受けた利益の価額」も、相続開始時を基準として算定されるべきものと解される。しかし、相続登記に係る司法書士報酬及び相続税申告等のための税理士報酬は、相続開始後の事後的支出であって、それらは性質上請求人が負担する費用であり、また、相続税法第13条の債務控除の額、相続税額及び登録免許税額のいずれにも該当しないから、控除の対象にならない。

また、登録免許税の納税義務は登記時に成立し同時に納付すべき税額が確定するところ、請求人は本件通知処分時において本件遺産分割協議により取得した日本国内に所在する不動産について相続登記手続をしていないから控除すべき登録免許税額がない。

したがって、本件限度額は過大ではなく適正である。

者に酷であることから、これを回避する点にある。

本件通達によれば、相続後に発生する葬式費用や登録免許税額も相続等により取得した財産の価額から控除する対象に含まれており、連帯納付義務の適用自体が相続開始後の事後的なものであることからすれば、相続開始後の事後的支出である相続財産の不動産登記に係る司法書士報酬及び印紙税等、相続税申告等のための税理士報酬、更には課税処分及び滞納相続税に係る連帯納付義務の納付通知処分に対応するための弁護士報酬までも控除される必要がある。

また、本件通達は、控除される登録免許税額について、登記の実施の有無や支払の有無について定めておらず、登記が未済であったとしても登録免許税額の算定は可能であり、実際に登記した際の救済方法が不明確であることから、登記の実施の有無や支払の有無にかかわらず、登録免許税額は請求人の連帯納付責任限度額の算定に当たり控除されるべきである。

そして、本件相続により請求人が取得した日本国内に所在する不動産に係る登記費用の見積額は、別表4の「司法書士報酬」欄及び「登録免許税等」欄のとおりであり、また、本件相続に関して請求

	人が負担した税理士報酬は同表の「税理士報酬」欄のとおりであるところ、これらの額は請求人の連帯納付責任限度額の算定に当たり控除されるべき金額である。
	したがって、これらを控除せずに算定された本件限度額は過大である。

4 当審判所の判断

(1) 争点1（本件通知処分は、無効なM更正処分等に基づく違法なものか否か。）について

イ 法令解釈

課税処分と徴収処分とはそれぞれ目的を異にする別個独立した行政処分であるから、前者の違法性は後者に承継されるものではなく、仮に課税処分に瑕疵があったとしても、その瑕疵が重大かつ明白であるために課税処分が無効であるか、又は権限ある機関によって課税処分の全てが取り消されない限り、課税処分は有効であるから、課税処分の違法を理由として徴収処分の取消しを求めることはできないと解するのが相当である。

そして、課税処分が当然に無効となる重大かつ明白な瑕疵とは、処分の要件の存在を肯定する課税庁の認定に重大かつ明白な瑕疵がある場合を指し、瑕疵が明白であるというのは、処分成立の当初から、誤認であることが外形上、客観的に一見して看取し得るほど明白である場合を指すものと解される。

ロ 認定事実

請求人提出資料、原処分関係資料並びに当審判所の調査及び審理の結果によれば、以下の事実が認められる。

(イ) 当審判所は、前回裁決において、本件長男が○○を有しており、本件相続の開始日時点において、日本国内に生活の本拠がなかったものの、平成27年6月に出国するまで日本国内に生活の本拠があった非居住無制限納税義務者である一方、本件長男を除く本件相続人らは、いずれも日本国籍を有しておらず、日本国内に生活の本拠がなかった制限納税義務者である旨を争いのない事実とし

て認定した上、本件被相続人が所有していた日本国外に所在する未分割の土地の評価に誤りがあるとする請求人の主張に対して、その評価額は、M税務署長の主張額と同額となる旨判断した。

(ロ) 本件長男の所在地の大半は、平成19年7月29日以後平成27年6月26日に日本を出国するまでの間、日本国内であった。

(ハ) 本件長男は、平成22年10月23日から本件相続の開始日以後である平成○年○月○日まで○○の妻との婚姻を継続し、平成23年3月30日から平成27年2月23日までは同人と同じ日本国内の住所地に住民登録を有しており、同年2月24日に日本国内において住所を移転した後も、同年6月26日に日本を出国するまでの間、継続して日本国内に滞在していた。

ハ 検討及び請求人の主張について

(イ) 上記1(4)ト(イ)及び上記ロ(イ)のとおり、当審判所は、前回裁決において、本件長男が非居住無制限納税義務者に該当する旨認定しており、また、上記1(4)ト(イ)のとおりM更正処分等が取り消された事実もないことに照らすと、本件長男が非居住無制限納税義務者であることを前提としたM更正処分等が無効となり、その結果、本件通知処分が無効となると認めることはできない。

(ロ) これに対し、請求人は、上記3(1)の「請求人」欄イのとおり、本件通知処分の基となったM更正処分等において本件長男が非居住無制限納税義務者と認定された点に対する各事情を挙げ、本件長男は本件期間中においても生活の本拠が日本国内になかった制限納税義務者であり、M更正処分等には日本国外に所在する財産への課税を行った点で明らかな相続税法第1条の3の規定違反があるから、M更正処分等は、重大かつ明白な瑕疵があるか又は処分の前提を欠くという処分の根幹の過誤があることを理由として無効であり、これに基づく本件通知処分は違法無効となる旨主張する。

しかしながら、上記ロ(ロ)及び(ハ)のとおり、本件長男には、少なくとも本件期間を通じて○○の妻と婚姻を継続し、日本国内に住民登録を有し、本件期間の大半は日本国内に所在し、かつ、滞在もしていたという外形的事実があり、平成27年2月24日に日本国内において住所を移転した後も、同年6月26日に日本を出国するまでの間、継続して日本国内に滞在していたことからすれば、本件長男は、生活の本拠を日本国内に有していたと考えるのが自然かつ合理的であ

る。

　これらによれば、上記１(3)ロのとおり○○を有していた本件長男は、本件相続の開始日である平成○年○月○日（上記１(3)イ）の前５年以内の時点において、日本国内に住所を有していたということができ、非居住無制限納税義務者であると認められ、本件長男が制限納税義務者に該当することの根拠として、請求人が挙げる上記３(1)の「請求人」欄イの各事情は、直ちに本件長男が制限納税義務者に該当することを基礎付けるものではない上、上記ロ(イ)のとおり、請求人が、Ｍ更正処分等に係る審査請求において、本件長男が非居住無制限納税義務者に該当することを争っていなかったことをも踏まえれば、上記１(4)ニ(イ)のとおり、本件長男が非居住無制限納税義務者であるとのＭ税務署長の認定が誤りであったとは認められない。

　そして、上記１(3)ハのとおり、本件被相続人は、本件相続の開始日において、日本国外にも財産を有しており、上記１(3)ニのとおり、本件遺産分割協議は、本件被相続人が有していた財産全部に関するものでもないことからすると、本件長男は、本件相続によって財産を取得したと認められ、これを前提としてＭ更正処分等は行われたということができる。

　そうすると、Ｍ更正処分等において、Ｍ税務署長の認定に重大な瑕疵は認められず、そうである以上、Ｍ更正処分等の成立の当初から、外形上、客観的に一見して看取し得るほど明白な誤認があるとも認められない。また、上記検討によれば、Ｍ更正処分等がその前提を欠き、その根幹に過誤があるという請求人の主張を踏まえても、Ｍ更正処分等には、課税要件の根幹についての内容上の過誤は認められないから、Ｍ更正処分等がその前提を欠き、その根幹に過誤があるということはできない。

　したがって、請求人の主張は理由がない。

(ハ)　また、請求人は、上記３(1)の「請求人」欄ロのとおり、本件滞納国税は、日本国外に所在する財産について誤って算定された過大な評価額に基づくものであり、課税対象の不動産価値を見直し、相続財産評価額が大幅に変動する場合には、請求人の連帯納付責任限度額に直接影響を及ぼすものであるから、Ｍ更正処分等には重大かつ明白な瑕疵がある旨主張する。

　しかしながら、上記ロ(イ)のとおり、前回裁決において、当審判所は、日本国

外に所在する財産の評価額は、M税務署長の主張額と同額となる旨の判断をしており、他方で、請求人は、日本国外に所在する財産の評価額について見直しを行えばその評価額が減額される可能性があることを主張するのみで、M税務署長が行った評価額の算定に外形上、客観的に一見して看取し得るほど明白な認定の誤りがあったことについて具体的な主張をしておらず、請求人が主張する当該瑕疵を認めるに足りる証拠もないから、請求人の主張は理由がない。

　なお、請求人は、M更正処分等における財産の過大評価により本件通知処分は違法無効となる旨主張するが、上記イのとおり、課税処分の違法性は徴収処分に承継されるものではないところ、上記1(4)ト(イ)のとおり、M更正処分等が取り消された事実はなく、M更正処分等は有効であるから、M更正処分等の違法を理由として本件通知処分が違法無効となるものではない。

(ニ)　以上のとおり、請求人が主張するいずれの点においても、M更正処分等は当然に無効な処分ということはできないから、本件通知処分は、無効なM更正処分等に基づく違法なものとはいえない。

(2)　争点2（本件通知処分の基となったM更正処分等が無効でない場合、本件通知処分は、日本国外に所在する相続財産について相続税の納付義務を負わない制限納税義務者に対し、連帯納付義務者として本件滞納国税の納付を求める違法なものか否か。）について

イ　法令解釈

　相続税の課税は、相続税法第15条《遺産に係る基礎控除》、同法第16条《相続税の総額》及び同法第17条《各相続人等の相続税額》の各規定によって、遺産全体を各相続人が民法に定める相続分に応じて取得したものとした場合における各取得金額に所定の税率を適用して相続税の総額を算出した上、その相続税の総額を、各相続人等の取得した財産の価額に応じてあん分する制度を採用している。

　このような制度によれば、課税の面における相続人等の負担の公平は図られるが、共同相続人中に無資力の者があったときなどには租税債権の満足が図られなくなり、共同相続人中に無資力の者がいない他の納税者との間での公平が保てなくなる。そこで、相続税法第34条第1項は、各相続人等に対し、自らが負担すべき固有の相続税の納税義務のほかに、他の相続人等の固有の相続税の納税義務について、当該相続等により受けた利益の価額に相当する金額を限度として、連帯

納付義務を負担させたものであり、この連帯納付義務は、同法が相続税の徴収確保を図るため、共同相続人中に無資力の者があることに備え、相互に各相続人等に課した特別の責任であると解される。

ロ　検討及び請求人の主張について

　　請求人は、上記3(2)の「請求人」欄のとおり、本件通知処分は、非居住無制限納税義務者である本件長男が本件相続により取得した日本国外に所在する財産に対して課税された相続税の納付の不履行に基づいてされており、結果的に、日本国外に所在する財産に対する相続税を制限納税義務者である請求人に課税していることになるから、連帯納付義務は無制限納税義務者である納税者に対してのみ適用されるべきであって、制限納税義務者に適用を拡大するべきではない旨主張する。

　　しかしながら、相続税法第34条第1項本文は、同一の被相続人から相続等により取得した財産に係る相続税に関して互いに連帯納付義務を負う者について、上記1(2)ホのとおり、「同一の被相続人から相続等により財産を取得した全ての者」である旨規定し、制限納税義務者を除外する旨の規定を特に設けていないこと、及び連帯納付義務が、上記イのとおり、相続税の徴収確保を図るため、共同相続人中に無資力の者があることに備えて相互に各相続人等に特別の責任を課す趣旨に基づくものであることからすれば、連帯納付義務を負う者を無制限納税義務者である納税者のみに限定して解釈すべき理由があるとは認め難く、制限納税義務者か無制限納税義務者かを問わず、連帯納付義務を負うものというべきである。そうすると、本件通知処分は、制限納税義務者である請求人に対し、連帯納付義務者として本件滞納国税の納付を求める点において違法なものとはいえない。

　　したがって、この点に関する請求人の主張は採用することができない。

(3)　争点3（本件通知処分は、その基となった各課税処分に係る審査請求中にされたことを理由に違法となるか否か。）について

イ　法令解釈

　(イ)　通則法第105条第1項本文は、上記1(2)イのとおり、国税に関する法律に基づく処分に対する不服申立ては、その目的となった処分の効力、処分の執行又は手続の続行を妨げない旨規定している。ここにいう「処分の効力」とは、不服申立ての目的となった処分の有する種々の法律上の効力の総称であり、「処

分の効力を妨げない」とは、更正や決定等に係る納付すべき税額が確定すること及び所定の期限までに納付すべきであること等の効力が不服申立てによって影響されないことをいうものと解される。次に、「処分の執行」とは、その処分について、執行行為を必要とする場合において、その執行行為として行われる法律行為又は事実行為をいい、「処分の執行を妨げない」とは、更正や決定等に係る税額が所定の期限までに納付されない場合に不服申立てがされても、督促や滞納処分を執行し得ることをいうものと解される。

(ロ) 相続税法第34条第1項に規定する連帯納付義務は、上記(2)イのとおり、相続税法が相続税の徴収確保を図るために各相続人等に相互に課した特別の責任であって、その義務履行の前提条件となる連帯納付義務の確定は、各相続人等の固有の相続税の納税義務の確定という事実に照応して、法律上当然に生ずるものとされており、相続人等の固有の相続税の納税義務が確定すれば、国税の徴収に当たる所轄庁は、連帯納付義務者に対して徴収手続を行うことができると解される。なお、連帯納付義務については、保証人や第二次納税義務者の場合のように補充性を認めた規定（通則法第52条《担保の処分》第4項、国税徴収法第32条《第二次納税義務の通則》第4項）がないことから補充性がないと解される。

ロ　検討及び請求人の主張について

請求人は、上記3(3)の「請求人」欄のとおり、M更正処分等及びN更正処分等のそれぞれに係る審査請求がされており、これらの審査請求が認められ、相続税の課税価格が減少して本件通知処分の基になる相続税の額が減少すれば、請求人の連帯納付責任限度額も減少する可能性があるところ、最終的な課税財産の金額が確定していないにもかかわらず、本件納税者の納税義務が確定し連帯納付義務も確定したと一方的に解釈して行われた本件通知処分は違法である旨主張する。

しかしながら、上記イのとおり、M更正処分等及びN更正処分等のそれぞれの処分の効力、すなわち、当該各処分によって請求人及び本件納税者それぞれに固有の相続税の納付すべき税額が確定して所定の期限までに納付すべきであること等の効力は、当該各処分によって既に生じているものであり、本件納税者の固有の相続税の納税義務の確定という事実に照応して請求人の連帯納付義務も法律上当然に生じており、これらの確定等の効力は当該各処分に係る各審査請求によっ

て影響されることはない。また、不服申立ては、その目的となった処分の執行を妨げず、連帯納付義務には補充性がないことからすれば、M更正処分等及びN更正処分等のそれぞれに係る審査請求がされていても、そのことによって直ちに原処分庁の請求人に対する本件滞納国税の徴収手続が妨げられることにはならないから、本件滞納国税を徴収するために行われた本件通知処分は、M更正処分等及びN更正処分等のそれぞれに係る審査請求中にされたことを理由として違法となることはない。

　したがって、この点に関する請求人の主張には理由がない。

(4)　争点4（本件通知処分は不当な処分であるか否か。）について

　イ　法令解釈

　(イ)　上記(3)イ(ロ)のとおり、相続人等の固有の相続税の納税義務が確定すれば、国税の徴収に当たる所轄庁は、連帯納付義務者に対して徴収手続を行うことができることになる。

　他方で、各相続人等の事情は一様ではなく、連帯納付義務を負う相続人等が、他の相続人等の履行状況について分からない場合や、納付すべき金額、納付期限その他連帯納付義務の具体的内容を知ることができない場合もあるから、そのまま徴収手続を行うと、連帯納付義務者にとって不意打ちとなり、連帯納付義務者を困惑させる事態が生じる可能性がある。

　このような事態を生じさせないために、相続税法は、本来の納税義務者が相続税を完納しないときは、本来の納税義務者が円滑に相続税を納付している場合に比して連帯納付義務の履行を求められる可能性が高まったものとして、相続税法第34条第5項の規定に基づき、連帯納付義務者に対してその旨を通知するとした上、その後、実際に連帯納付義務者から徴収しようとするときには、同条第6項の規定に基づき、連帯納付義務者に対して納付すべき金額、納付場所その他必要な事項を記載した納付通知書による通知をしなければならないとしたものと解される。

　(ロ)　処分の不当とは、処分を行うにつき、法の規定から処分行政庁に裁量権が付与されていると認められる場合において、処分行政庁の行った処分が、裁量権の逸脱又は濫用として違法であるとまではいえないが、当該処分の基礎となる法や制度の趣旨及び目的に照らして不合理であることをいうと解するのが相当

である。

ロ　検討及び請求人の主張について

　(イ)　請求人は、上記３(4)の「請求人」欄のとおり、本件通知処分時において、M
　　更正処分等及びＮ更正処分等のいずれについても審査請求がされており、これ
　　らの審査請求が認められれば、本件滞納国税の額及び請求人の連帯納付責任限
　　度額のいずれも減少する可能性があるにもかかわらず、これらの是正がされな
　　いうちに行われた本件通知処分は不当である旨主張する。

　　　しかしながら、M更正処分等及びＮ更正処分等の各処分の効力並びに請求人
　　の連帯納付義務がいずれも既に生じており、当該各処分の効力及び請求人に対
　　する本件滞納国税の徴収手続が当該各処分に係る各審査請求によって影響され
　　ず、本件通知処分が当該各処分に係る各審査請求中にされたことを理由として
　　違法とならないことは、上記(3)ロのとおりである。

　　　このように、M更正処分等及びＮ更正処分等のそれぞれに係る審査請求がさ
　　れていても、請求人に対する本件滞納国税の徴収手続を法律上適法に行うこと
　　ができるという状況下において、原処分庁は、本件納税者に対する上記１(4)ホ
　　(イ)の督促後一月を経過しても本件滞納国税が完納されなかったことから、請求
　　人が連帯納付義務の履行を求められる可能性が高まったものとして、請求人に
　　対して相続税法第34条第５項の規定に基づく上記１(4)ホ(ハ)の通知をした上で、
　　請求人から本件滞納国税を徴収することも考え、その徴収に先立ち、請求人が
　　不意打ちを受けるなどの事態を避けるために、同条第１項第１号に規定する時
　　期の範囲内で同条第６項の規定による本件通知処分をしたものと認められる。
　　そうすると、本件通知処分は、上記(2)イ及び上記(3)イ(ロ)で説示した相続税の徴
　　収確保を図るために各相続人等に課された特別の責任である連帯納付義務に関
　　する相続税法の趣旨及び目的に照らして不合理なものであるということはでき
　　ない。

　(ロ)　また、請求人は、上記３(4)の「請求人」欄のとおり、原処分庁が、本件納税
　　者に対する納付能力の調査を積極的に行っておらず、本件納税者が日本国外に
　　居住していることを理由に本件納税者と接触を図ることなく本件滞納国税の負
　　担を請求人に求めることは不当である旨主張する。

　　　しかしながら、上記(3)イ(ロ)のとおり、相続税法第34条第１項に規定する連帯

納付義務については補充性がないものと解されることから、原処分庁は、本来の納税義務者である本件納税者に対する徴収手続と連帯納付義務者である請求人に対する徴収手続のいずれの手続からも本件滞納国税を徴収することが可能であって、原処分庁が、本件納税者に対する積極的な納付能力調査、接触等を行わなかったとしても、そのこと自体が本件通知処分の妥当性に影響を及ぼすものではなく、これをもって本件通知処分を不当と評価することはできない。

(ハ)　したがって、本件通知処分は不当な処分ではないから、この点に関する請求人の主張には理由がない。

(5)　争点5（本件限度額は過大であるか否か。）について

イ　法令解釈等

相続税法第34条第1項は、上記1(2)ホのとおり、同一の被相続人から相続等により財産を取得した全ての者は、その相続等により取得した財産に係る相続税について、当該相続等により受けた利益の価額に相当する金額を限度として、互いに連帯納付の責めに任ずる旨規定している。これは、上記(2)イのとおり、同法が相続税の徴収確保を図るため、相互に各相続人等に課した特別の責任であるが、その連帯納付義務を「相続等により受けた利益の価額に相当する金額」の範囲に限定したのは、各相続人等に対し相続等により受けた経済価値を超える負担を課すことがないようにするためであると解される。そうすると、同項に規定する「相続等により受けた利益の価額に相当する金額」とは、相続人等が現実に取得した利益の価額に相当する金額であると解するのが相当であって、当該相続人等が現実に取得した利益の価額に相当する金額とは、相続等により取得した財産の価額から当該財産を取得したことに伴って現実に支払義務が生じた金額を控除した後の金額と解するのが相当である。

ところで、上記1(2)チのとおり、本件通達は、「相続等により受けた利益の価額」とは、相続等により取得した財産の価額から、①相続税法第13条の規定による債務控除の額、②相続等により取得した財産に係る相続税額、及び③相続等により取得した財産に係る登録免許税額を控除した後の金額をいう旨定めている。

このような本件通達の定めは、①相続人（包括受遺者を含む。以下同じ。）は被相続人（遺贈者を含む。以下同じ。）の権利義務を承継すること、②納税義務が生じる相続等により財産を取得した者は当然に当該財産に係る相続税額（本

税）を負担すること、及び③相続等により不動産を取得した場合には、権利に関する法的安定性の観点から売買により不動産を取得したときと同様に所有権の移転登記手続を行うことが一般的であり、相続等による財産の取得を基因として登記する際に納税義務が生じる登録免許税についても、相続等により不動産等を取得する際には通常生じるものであることを踏まえたものであり、本件通達の取扱いは、当審判所においても相当と認められる。

ロ　認定事実

請求人提出資料、原処分関係資料並びに当審判所の調査及び審理の結果によれば、以下の事実が認められる。

(イ)　本件相続により本件長男を除く本件相続人らが、本件遺産分割協議により取得した日本国内に所在する不動産については、本件通知処分の時点において、いずれも相続による権利の移転の登記がされていなかった。

(ロ)　請求人が本件相続により取得した日本国内に所在する財産の価額は、前回裁決で認定された別表１の「裁決」欄の請求人に係る「取得財産の価額」欄の○○○○○円と同額である（別表３の「審判所認定額」欄①の金額のとおり。）。

(ハ)　本件相続において、請求人に係る相続税法第13条の規定による債務控除の額は、前回裁決で認定された別表１の「裁決」欄の請求人に係る「債務及び葬式費用の金額」欄の○○○○円と同額である（別表３の「審判所認定額」欄②の金額のとおり。）。

(ニ)　請求人が本件相続により取得した上記(ロ)の財産に係る相続税額は、前回裁決で認定された別表１の「裁決」欄の請求人に係る「納付すべき税額」欄の○○○○円と同額である（別表３の「審判所認定額」欄③の金額のとおり。）。

ハ　検討及び請求人の主張について

本件相続において、請求人には、上記ロ(ハ)及び(ニ)のとおり、相続税法第13条の規定による債務控除の額である○○○○円及び相続税額である○○○○円が生じているところ、これらは、相続等により財産を取得したことに伴って現実に支払義務が生じた金額であり、かつ、本件通達にも定められたものであるから、相続税法第34条第１項に規定する「相続等により受けた利益の価額」の算定に当たって控除されるものである。

これらに加え、請求人は、上記３(5)の「請求人」欄のとおり、連帯納付義務の

適用自体が相続開始後の事後的なものであり、相続後に発生する葬式費用等が相続等により取得した財産の価額から控除する対象に含まれていることを理由に、①不動産登記を行う場合の司法書士報酬、登録免許税及び印紙税等の各見積額、並びに②相続税申告等のための税理士報酬並びに課税処分及び滞納相続税に係る連帯納付義務の納付通知処分に対応するための弁護士報酬の各負担額（ただし、弁護士報酬の具体的な負担額についての主張はない。）もそれぞれ本件相続により取得した財産の価額から控除されるべきである旨主張する。

　しかしながら、上記イのとおり、「相続等により受けた利益の価額に相当する金額」の算定に当たり、相続等により取得した財産の価額から控除すべき金額は、相続等により財産を取得したことに伴って現実に支払義務が生じた金額と解するのが相当であるところ、上記ロ(イ)のとおり、本件長男を除く本件相続人らが取得した日本国内に所在する不動産については、いずれも相続による権利の移転の登記がされておらず、請求人がその連帯納付責任限度額の算定に当たって控除されるべき旨主張する司法書士報酬等の各見積額は、そもそも請求人に現実に支払義務が生じたものとは認められないから、これらの各見積額の内容について検討するまでもなく、請求人の連帯納付責任限度額の算定に当たり、これらの各見積額を控除することはできない。

　また、請求人が控除されるべき旨主張する税理士報酬等は、請求人に現実に支払義務が生じているとした場合でも、これらはいずれも請求人が任意で相続税申告書作成等の業務を税理士又は弁護士に委任することにより生じるものであり、相続等により財産を取得する場合において、相続税額のように納税義務に基づいて当然に負担が生じるものではないし、登録免許税額のように一般的に生じるものとは必ずしも言い難いものであり、本件通達に定める「相続税法第13条の規定による債務控除の額」及び「相続等により取得した財産に係る相続税額及び登録免許税額」のいずれにも該当しないから、請求人の連帯納付責任限度額の算定に当たり、これらの報酬額を控除することはできない。

　なお、相続税法第13条第1項において、相続税の課税価格に算入すべき価額の算定上、被相続人の債務の金額のほかに被相続人に係る葬式費用のうちその者の負担に属する部分の金額の控除も認められているが、これは、被相続人に係る葬式費用が、被相続人の相続開始に伴い必然的に発生し、社会通念上も、相続財産

そのものが担っている負担ともいえることを考慮して控除が認められたものとされており、本件通達も、このような法令の趣旨に沿って定められたものであって、相続開始後に発生した事後的支出を「相続等により受けた利益の価額」から一律に控除することを認める趣旨と解することはできない。

　　　　したがって、この点に関する請求人の主張は採用することができない。

　ニ　請求人の連帯納付責任限度額について

　　　　以上に基づき、請求人が本件相続により受けた利益の価額に相当する金額についてみると、請求人は、別表3の「審判所認定額」欄のとおり、本件相続により請求人が取得した財産の価額である○○○○円（上記ロ(ロ)）から、相続税法第13条の規定による債務控除の額である○○○○円（上記ロ(ハ)）及び本件相続により請求人が取得した上記ロ(ロ)の財産に係る相続税額である○○○○円（上記ロ(ニ)）を控除した後の○○○○円相当の金額について本件相続により利益を受けていると認められる。したがって、請求人は、○○○○円を限度として本件滞納国税に係る連帯納付義務を負うものと認められる。

　　　　そうすると、本件通知処分の時点において、本件限度額は、当審判所が認定した請求人の連帯納付責任限度額を下回り、過大ではないから、これを取り消すべき理由はない。

　　　　なお、原処分庁は、本件限度額の算定に当たり、別表3の「原処分庁主張額」欄のとおり、請求人に係る上記ロ(ニ)の相続税額に請求人が本件通知処分の時点までに納付した延滞税の額及び過少申告加算税の額を含めて、これらを本件相続により請求人が取得した財産の価額（上記ロ(ロ)）から控除しているが、延滞税及び加算税は、相続後における相続人等の納税義務や申告義務が適正に果たされなかったことに基づき生じるものであり、上記イのとおり、相続税額（本税）のように相続等に基づき当然に租税負担が生じるものではないから、相続税額（本税）と同様に取り扱うことはできず、これらを相続等により取得した財産の価額から控除すべき相続税額に含めることは相当ではない。

(6)　本件通知処分の適法性について

　　　　以上のとおり、請求人の主張はいずれも採用することができず、上記1(4)ホの経緯のとおり行われた本件通知処分は、相続税法第34条第6項の規定に基づきされている。

また、本件通知処分のその他の部分については、請求人は争わず、当審判所に提出された証拠資料等によっても、これを不相当とする理由は認められない。

　　したがって、本件通知処分は適法である。

(7)　結論

　　よって、審査請求は理由がないから、これを棄却することとする。

別表1　M更正処分等の経緯（省略）

別表2　本件滞納国税の明細（令和4年4月27日現在）（省略）

別表3　請求人の連帯納付責任限度額の明細（省略）

別表4　司法書士報酬、登録免許税等及び税理士報酬（請求人主張額）（省略）

事例6 （連帯納付義務）

　　相続税法第34条第1項が規定する「相続等により受けた利益の価額に相当する金額」の算定に当たり、相続等により取得した財産の価額から控除すべき金額は、相続等により財産を取得することに伴って現実に支払義務が生じた金額と解することが相当であるとした事例（連帯納付義務の各納付通知処分・棄却・令和5年6月21日裁決）

《ポイント》
　　本事例は、連帯納付責任限度額の算定において、相続登記に係る登録免許税は、連帯納付の通知処分時までに現実に納付した税額だけを相続等により取得した財産の価額から控除することが相当であることを明らかにしたものである。

《要旨》
　　請求人らは、原処分庁がした相続税の連帯納付義務の各納付通知処分（本件各通知処分）について、連帯納付責任の限度額の算定に当たり、相続等により取得した財産の価額から①相続財産の不動産登記を行う場合の司法書士報酬、登録免許税及び印紙税等の各見積額並びに②相続税申告等のための税理士報酬及び本件各通知処分等に対応するための弁護士報酬の各負担額が控除されていないため違法である旨主張する。

　　しかしながら、相続税法第34条第1項に規定する「相続等により受けた利益の価額に相当する金額」とは、相続人等が現実に取得した利益の価額に相当する金額であって、現実に支払義務が生じた金額を控除した後の金額と解するのが相当である。そして、相続税法基本通達34－1（本件通達）において、「相続等により受けた利益の価額」とは、相続等により取得した財産の価額から、相続税法第13条に規定する債務控除の額のほか、相続等により取得した財産に係る相続税額及び登録免許税額を控除した後の金額をいう旨定めているところ、①相続財産である不動産は、いずれも相続による権利の移転の登記がされていないため、司法書士報酬等の各見積額は請求人らに現実に支払義務が生じたものとは認められず、②税理士報酬等は、相続税額のように納税義務に基づいて当然に負担が生じるものではないし、登録免許税額のように一般的に生じるものとも言い難いものであり、本件通達に定める債務控除の額等のいずれにも該当しないことから、請

求人らの主張する各金額は、連帯納付責任限度額の算定に当たり相続等により取得した
財産の価額から控除することはできない。

《参照条文等》
　　相続税法第34条第 1 項
　　相続税法基本通達34 - 1

（令和5年6月21日裁決）

《裁決書（抄）》

1 事　実

 (1) 事案の概要

　　本件は、共同相続人の一人に係る滞納相続税を徴収するため、原処分庁が審査請求人らに連帯納付義務があるとして連帯納付義務の各納付通知処分をしたのに対し、審査請求人らが、当該各納付通知処分の基となった各課税処分が無効であること、また、仮に当該各課税処分が無効でないとしても、当該各納付通知処分は制限納税義務者である審査請求人らに対し連帯納付義務者として非居住無制限納税義務者である共同相続人に課税された相続税の納付を求める違法なものであることなどを理由として、原処分の全部の取消しを求めた事案である。

 (2) 関係法令等

　　イ　国税通則法（以下「通則法」という。）第105条《不服申立てと国税の徴収との関係》第1項本文は、国税に関する法律に基づく処分に対する不服申立ては、その目的となった処分の効力、処分の執行又は手続の続行を妨げない旨規定している。

　　ロ　相続税法（平成29年法律第4号による改正前のもの。以下同じ。）第1条の3《相続税の納税義務者》第1項第2号イは、相続又は遺贈（以下「相続等」という。）により財産を取得した日本国籍を有する個人（当該個人又は当該相続等に係る被相続人が当該相続等に係る相続の開始前5年以内のいずれかの時においてこの法律の施行地に住所を有していたことがある場合に限る。）であって、当該財産を取得した時においてこの法律の施行地に住所を有しないものは、相続税を納める義務がある旨規定している（以下、この規定に該当する相続税の納税義務者を「非居住無制限納税義務者」といい、同項第1号及び第2号ロの各規定に該当する相続税の納税義務者と併せて「無制限納税義務者」という。）。

　　ハ　相続税法第1条の3第1項第3号は、相続等によりこの法律の施行地にある財産を取得した個人で当該財産を取得した時においてこの法律の施行地に住所を有しないもの（同項第2号に掲げる者を除く。）は、相続税を納める義務がある旨規定している（以下、この規定に該当する相続税の納税義務者を「制限納税義務者」という。）。

ニ　相続税法第２条《相続税の課税財産の範囲》第１項は、同法第１条の３第１項
　第１号又は第２号の規定に該当する者については、その者が相続等により取得し
　た財産の全部に対し、相続税を課する旨規定し、同法第２条第２項は、同法第１
　条の３第１項第３号の規定に該当する者については、その者が相続等により取得
　した財産でこの法律の施行地にあるものに対し、相続税を課する旨規定している。

ホ　相続税法第34条《連帯納付の義務等》第１項本文は、同一の被相続人から相続
　等により財産を取得した全ての者は、その相続等により取得した財産に係る相続
　税について、当該相続等により受けた利益の価額に相当する金額を限度として、
　互いに連帯納付の責めに任ずる旨規定し（以下、この規定により当該相続税につ
　いて連帯納付の責めに任ずる者を「連帯納付義務者」といい、当該連帯納付の責
　めを「連帯納付義務」という。）、同項ただし書は、同項各号に掲げる者の区分に
　応じ、当該各号に定める相続税については、この限りでない旨規定している。そ
　して、同項第１号は、納税義務者の同法第33条《納付》又は通則法第35条《申告
　納税方式による国税等の納付》第２項若しくは第３項の規定により納付すべき相
　続税額に係る相続税について、相続税法第27条《相続税の申告書》第１項の規定
　による申告書の提出期限（当該相続税が更正又は賦課決定に係る相続税額に係る
　ものである場合には、当該更正又は賦課決定に係る通知書を発した日とする。）
　から５年を経過する日までに税務署長（通則法第43条《国税の徴収の所轄庁》第
　３項の規定により国税局長が徴収の引継ぎを受けた場合には、当該国税局長。以
　下同じ。）が相続税法第34条第１項本文の規定により当該相続税について連帯納
　付義務者に対し同条第６項の規定による通知を発していない場合における当該連
　帯納付義務者は、当該納付すべき相続税額に係る相続税の連帯納付義務を負わな
　い旨規定している。

ヘ　相続税法第34条第５項は、税務署長は、納税義務者の相続税につき当該納税義
　務者に対し通則法第37条《督促》の規定による督促をした場合において当該相続
　税が当該督促に係る督促状を発した日から一月を経過する日までに完納されない
　ときは、同条の規定にかかわらず、当該相続税に係る連帯納付義務者に対し、当
　該相続税が完納されていない旨その他の財務省令で定める事項を通知するものと
　する旨規定している。

ト　相続税法第34条第６項は、税務署長は、同条第５項の規定による通知をした場

合において同条第1項本文の規定により相続税を連帯納付義務者から徴収しよう
とするときは、当該連帯納付義務者に対し、納付すべき金額、納付場所その他必
要な事項を記載した納付通知書による通知をしなければならない旨規定している。

チ　相続税法基本通達（昭和34年1月28日付直資10）34−1《「相続等により受け
た利益の価額」の意義》（以下「本件通達」という。）は、相続税法第34条第1項
に規定する「相続等により受けた利益の価額」とは、相続等により取得した財産
の価額から同法第13条《債務控除》の規定による債務控除の額並びに相続等によ
り取得した財産に係る相続税額及び登録免許税額を控除した後の金額をいうもの
とする旨定めている。

(3)　基礎事実
　　当審判所の調査及び審理の結果によれば、以下の事実が認められる。

イ　審査請求人らの父であるG（以下「本件被相続人」という。）は、平成○年○
月○日に死亡し、その相続（以下「本件相続」という。）が開始した。本件被相
続人は、○○（以下「○○」という。）を有しており、また、日本国内に住所を
有していなかった。

ロ　本件相続に係る共同相続人は、本件被相続人の長男であるH（以下「本件長
男」という。）、同二男である審査請求人J、同長女であるD、同二女である審査
請求人A、同三男である審査請求人K及び同三女である審査請求人Lの合計6名
である（以下、上記共同相続人6名を併せて「本件相続人ら」といい、本件長男
及びDを除く4名を併せて「請求人ら」という。）。本件長男は、○○を有してい
たが、本件相続の開始日時点において、日本国内に住所を有していなかった。ま
た、本件長男を除く本件相続人らは、いずれも日本国籍を有しておらず、本件相
続の開始日までの間、日本国内に生活の本拠がなかった制限納税義務者である。

ハ　本件被相続人は、本件相続の開始日において、日本国内のみならず、○○をは
じめとする日本国外にも財産を有していた。

ニ　本件相続人らは、平成○年○月○日、本件被相続人の財産のうち、日本国内に
所在する不動産等の財産の一部について遺産分割協議（以下「本件遺産分割協
議」という。）を成立させ、本件長男を除く本件相続人らで当該財産を取得した。

(4)　審査請求に至る経緯
イ　本件相続人らによる本件相続に係る相続税の申告状況

本件相続人らは、本件相続に係る相続税（以下「本件相続税」という。）の申告書を法定申告期限までに共同してＭ税務署長に提出して申告をした（以下、この申告を「本件申告」という。）。

なお、本件申告は、本件遺産分割協議に基づいて分割した日本国内の財産についてのみ申告するものであり、請求人らの申告の状況は、別表１の「申告」欄のとおりであった。

ロ　本件長男の死亡とその納税義務の承継

本件長男は、令和○年○月○日に死亡し、その子でありかつ唯一の相続人であるＦ（以下「本件納税者」という。）は、通則法第５条《相続による国税の納付義務の承継》第１項の規定に基づき、本件長男に課されるべき本件相続税の納付義務を承継した。

ハ　Ｎ税務署長による更正処分等と不服申立て

Ｎ税務署長は、本件相続税について、令和２年６月29日付で、本件納税者に対し、相続税の更正処分及び過少申告加算税の賦課決定処分（以下、これらを併せて「Ｎ更正処分等」という。）をした。なお、Ｎ更正処分等については、請求人らに対する下記ホ㈡の各納付通知書による通知の前までに審査請求がされた。

ニ　Ｍ税務署長による更正処分等と不服申立て

㈠　Ｍ税務署長は、本件相続税について、本件長男は○○を有し、平成27年６月26日に日本を出国するまでは日本国内に住所を有していたから非居住無制限納税義務者に該当する旨認定した上で、本件被相続人が所有していた日本国外に所在する未分割の土地及び建物のうち本件長男の法定相続分相当額が、本件申告における課税価格の合計額に算入されていないなどとして、令和３年７月６日付で、請求人らに対し、別表１の「更正処分等」欄のとおり、相続税の各更正処分及び過少申告加算税の各賦課決定処分（以下、これらを併せて「Ｍ更正処分等」という。）をした。

㈡　請求人らは、Ｍ更正処分等を不服として令和３年10月６日に審査請求をした。

ホ　本件納税者に係る本件相続税の滞納と原処分

㈠　Ｎ税務署長は、Ｎ更正処分等に基づく本件納税者に係る本件相続税がその納期限までに完納されなかったことから、通則法第37条第１項の規定に基づき、本件納税者に対し、令和２年８月３日付の督促状によりその納付を督促した。

(ロ) 原処分庁は、通則法第43条第3項の規定に基づき、令和2年8月21日、上記(イ)の督促に係る滞納国税について、N税務署長から徴収の引継ぎを受けた。

(ハ) 原処分庁は、上記(イ)の督促後一月を経過しても上記(イ)の督促に係る滞納国税（令和4年4月27日現在の明細は別表2のとおりであり、以下「本件滞納国税」という。）が完納されなかったことから、相続税法第34条第5項の規定に基づき、令和3年12月6日付で、請求人らに対して、①本件相続税について、請求人ら以外の相続人に対して督促がされたが完納されていないこと、②請求人らには同条第1項本文に規定する連帯納付義務がそれぞれ課されていること、③連帯納付義務の制度により実際に請求人らに相続税の納付を求める場合には、改めて「納付通知書」が送付されることなどを記載した「相続税の連帯納付義務について」と題する各文書により通知をした。

(ニ) 原処分庁は、本件滞納国税を請求人らから徴収するため、相続税法第34条第6項の規定に基づき、令和4年4月27日付で、請求人らに対して、①請求人らが負う連帯納付義務に係る国税が本件滞納国税であること、②納付場所が日本銀行本店等であること、③本来の納税義務者及び他の相続人と連帯して納付すべき限度の額（以下「連帯納付責任限度額」という。）は相続等により受けた利益の価額に相当する金額であり、請求人らそれぞれについて別表3の「原処分庁主張額」欄④記載の各金額（以下、請求人ら各人の連帯納付責任限度額を併せて「本件各限度額」という。）であることなどを記載した各納付通知書によりそれぞれ通知をした（以下、これらの各通知処分を併せて「本件各通知処分」という。）。当該各納付通知書は、通常の取扱いによる郵便により、令和4年5月6日、請求人らの納税管理人であるB社に送達された。

ヘ 審査請求

請求人らは、本件各通知処分を不服として令和4年8月4日に審査請求をした。なお、請求人らは、審査請求人Aを総代として選任し、その旨を令和4年8月5日に当審判所に届け出た。

ト 本件各通知処分後の事実等

(イ) 国税不服審判所長は、M更正処分等に係る上記ニ(ロ)の審査請求について、令和○年○月○日付で、別表1の「裁決」欄のとおり、その一部を取り消す裁決（○裁（諸）令○第○号。以下「前回裁決」という。）をした。なお、その後、

　　　　Ｍ更正処分等の全てが取り消された事実はない。

　　　㈡　国税不服審判所長は、Ｎ更正処分等に係る上記ハの審査請求について、令和
　　　　○年○月○日付で、その一部を取り消す裁決をした。なお、その後、Ｎ更正処
　　　　分等の全てが取り消された事実はない。

2　争　点

⑴　本件各通知処分は、無効なＭ更正処分等に基づく違法なものか否か（争点１）。

⑵　本件各通知処分の基となったＭ更正処分等が無効でない場合、本件各通知処分は、
　　日本国外に所在する相続財産について相続税の納付義務を負わない制限納税義務者
　　に対し、連帯納付義務者として本件滞納国税の納付を求める違法なものか否か（争
　　点２）。

⑶　本件各通知処分は、その基となった各課税処分に係る審査請求中にされたことを
　　理由に違法となるか否か（争点３）。

⑷　本件各通知処分は不当な処分であるか否か（争点４）。

⑸　本件各限度額は過大であるか否か（争点５）。

3　争点についての主張

⑴　争点１（本件各通知処分は、無効なＭ更正処分等に基づく違法なものか否か。）
　　について

請求人ら	原処分庁
行政処分の重大かつ明白な瑕疵については、行政処分の無効事由となり、課税処分が無効である場合にはそれに基づく徴収処分も無効になるから、徴収処分の不服申立てにおいて、課税処分が無効であることを主張することは許されるべきである。 　ところで、本件各通知処分によって請求人らから徴収しようとする本件滞納国税の額の計算は、Ｎ更正処分等における相続財産全体の課税価格と同額のＭ更正	課税処分と滞納処分とは、それぞれの目的及び効果を異にする別個の独立した行政処分であるから、これらが先行処分と後行処分の関係にある場合においても、課税処分にこれを無効といい得る瑕疵が存するか又はそれが権限ある機関により取り消された場合でない限り、当該課税処分の瑕疵は滞納処分の効力に及ぼすものではない。 　しかるに、本件相続税に係る各課税処分の基礎とした法律関係や連帯納付責任

処分等における課税価格を根拠に行われている。

そして、M更正処分等には、以下のイのとおり、そもそも制限納税義務者である本件長男を非居住無制限納税義務者と判断して日本国外に所在する財産への課税を行った点で明らかな相続税法第1条の3の規定違反があるから、重大かつ明白な瑕疵があるか、又は処分の前提を欠くという処分の根幹の過誤があり、また、以下のロのとおり、当該財産への課税に当たり過大な評価額を算定した点においても重大かつ明白な瑕疵があるから、M更正処分等は無効である。

したがって、M更正処分等に無効事由があることにより、本件各通知処分も違法無効となる。

イ　M更正処分等においては、本件長男が非居住無制限納税義務者に該当するとして日本国外の財産への課税が行われており、原処分庁は、本件長男が平成27年6月に日本を出国するまで日本国内に生活の本拠があったとする前回裁決の理由を引用の上、本件長男が非居住無制限納税義務者に該当する旨主張する。

しかしながら、本件相続の開始日の

限度額と常に連動する相続等により取得した財産の評価額に関する請求人らの主張は、請求人ら又は本件納税者の固有の相続税額を争うことにつながるのであるから、先行する各課税処分に係る不服申立てによるべきであり、これを連帯納付義務に係る徴収処分の違法事由として主張することは認められない。

なお、以下のイ及びロのとおり、M更正処分等について、重大かつ明白な瑕疵は認められず、また、本件相続税に関するM更正処分等と同一の理由に基づくN更正処分等についても、重大かつ明白な瑕疵は認められず、かつ、N税務署長又は国税不服審判所長により取り消された事実もない。

したがって、M更正処分等は当然に無効ではないから、これに基づく本件各通知処分も違法ではない。

イ　本件相続の開始日において○○を有し、日本国内に住民登録があり、平成27年6月26日に日本を出国するまでは1年の大半を日本国内で過ごしていた本件長男が、非居住無制限納税義務者に該当することは、前回裁決における国税不服審判所の調査審理の結果によっても認められていて、M更正処分等の全額が取り消された事実もない。なお、前回裁決によれば、M更正処分等

５年前である平成○年○月○日から平成27年６月までの期間（以下「本件期間」という。）において、①本件長男は日本国内に居住用の土地建物を所有せず、他人所有の建物を賃借して滞在先を転々とし、本件期間中の日本国外滞在日数は約200日であり、滞在先のほとんどが身内のいる○○であったこと、②本件長男は二つの株式会社の平取締役であったほかは定職に就かず、本件納税者からの仕送りを中心として生活し、当該平取締役の役務は、日本国内に生活の本拠がなくとも務めることができるような態様であったこと、③本件長男は病気のため生計が立たず、借金もあり日本国内に十分な資産を有していなかったことなどから、本件長男の生活の本拠は日本国内になかったのであり、そのほか、本件長男が日本国内に所在する本件被相続人の財産を遺産分割によって取得しなかったのも、日本国内に生活の本拠を置かず、日本国内の財産に関心がなかったことの証左である。したがって、本件長男は制限納税義務者であるから、Ｍ更正処分等は相続税法第１条の３の規定に明らかに違反する。

ロ　本件滞納国税は、日本国外に所在する財産について誤って算定された過大

には、請求人らが本件相続により取得した財産の価額にそれぞれ１円の計算誤りがあったが、これらは重大かつ明白な瑕疵とまではいえない。

ロ　本件被相続人が所有していた日本国内及び日本国外の財産の評価額は、前

な評価額に基づいたものであって、当該財産が所在する○○の法律、規制及び現実的な市場の状況に応じて課税対象の不動産価値を見直し、相続財産評価額が大幅に変動する場合には、請求人ら各人の連帯納付責任限度額に影響を及ぼす可能性がある。当該評価額の算定誤りは、請求人らが納付を余儀なくされる連帯納付責任限度額に直接影響を及ぼすものであるから、M更正処分等に重大かつ明白な瑕疵がある場合に当たる。	回裁決によっても、M更正処分等の評価額と同額であったことから、M更正処分等に重大かつ明白な瑕疵はなく、本件各通知処分の適法性に影響を及ぼすものではない。

(2) 争点2（本件各通知処分の基となったM更正処分等が無効でない場合、本件各通知処分は、日本国外に所在する相続財産について相続税の納付義務を負わない制限納税義務者に対し、連帯納付義務者として本件滞納国税の納付を求める違法なものか否か。）について

原処分庁	請求人ら
相続税は、同一の被相続人から相続等により財産を取得した者（以下、相続等により財産を取得した相続人又は受遺者を「相続人等」という。）に対し当該相続に基因する遺産の総額を基礎として計算されるから、本来の納税義務者が相続税を納付しない場合に他の共同相続人に連帯納付義務を全く追及しない場合には、租税債権が満足されないことになる。そこで、相続税法は、本来の納税義務者以外の共同相続人に相続税の連帯納	相続税法第2条第2項の規定によれば、制限納税義務者には、日本国内に所在する相続財産に対してのみ相続税が課税される。　ところが、本件各通知処分は、非居住無制限納税義務者である本件長男が本件相続により取得した日本国外に所在する財産に対して課税された相続税の納付の不履行に基づいてされており、結果的に、日本国外に所在する財産に対する相続税を制限納税義務者である請求人らに

付義務を課すこととしたのであり、連帯納付義務は、相続税法が相続税徴収の確保のため各相続人等に相互に課した特別の責任であって、制限納税義務者を連帯納付義務者から除くとする法令の規定はないし、連帯納付義務の意義を制限納税義務者についてのみ別異に解すべき理由はないから、請求人らが本件相続により受けた利益の範囲で連帯納付義務を負うことに変わりはない。

　したがって、制限納税義務者である請求人らに対し、連帯納付義務者として本件滞納国税の納付を求める本件各通知処分は違法なものではない。

課税していることになる。連帯納付義務は無制限納税義務者である納税者に対してのみ適用されるべきであって、制限納税義務者に適用を拡大するべきではない。

　したがって、本件各通知処分は、制限納税義務者である請求人らに対し、連帯納付義務者として本件滞納国税の納付を求める違法なものである。

(3)　争点3（本件各通知処分は、その基となった各課税処分に係る審査請求中にされたことを理由に違法となるか否か。）について

原処分庁	請求人ら
課税処分は、国税の納付義務を具体化し、その納付すべき税額を確定させることを目的とする処分であるのに対して、滞納処分はその具体化した納税義務の強制的な実現を目的とする処分であるところ、通則法第105条第1項は、国税に関する法律に基づく処分に対する不服申立ては、その目的となった処分の効力、処分の執行又は手続の続行を妨げない旨規定しているから、課税処分に係る審査請求中であっても、その課税処分の効力は	本件長男が本件相続により取得した○○所在の土地についてM更正処分等及びN更正処分等において算定された評価額等には誤りがあり、これらは○○の法律、規制及び現実的な市場の状況に応じて見直す必要がある。そして、M更正処分等及びN更正処分等のそれぞれについて審査請求がされており、これらの審査請求が認められ、相続税の課税価格が減少して本件各通知処分の基になる相続税の額が減少すれば、請求人ら各人の連帯

<table>
<tr><td>

妨げられることなく納付すべき税額は確定し、その国税が完納されなければ不服申立て中であっても滞納処分をすることも妨げられない。

　また、連帯納付義務は、本来の納税者の納税義務の確定とともに法律上生じており、補充性がないから、原処分庁は、本来の納税者とは別個に、請求人らに対して本件滞納国税の徴収手続を行うことができるというべきである。

　したがって、本件各通知処分は、M更正処分等及びN更正処分等の各課税処分が審査請求中である事情等をもって違法とならない。

</td><td>

納付責任限度額も減少する可能性がある。ところが、このように最終的な課税財産の金額が確定していないにもかかわらず、本件各通知処分は、本件納税者の納税義務が確定し連帯納付義務も確定したと一方的に解釈して行われたものである。

　したがって、本件各通知処分は、その基となった各課税処分に係る審査請求中にされた違法なものである。

</td></tr>
</table>

(4)　争点4（本件各通知処分は不当な処分であるか否か。）について

請求人ら	原処分庁
本件各通知処分が違法でないとしても、請求人らは本件長男が取得した○○所在の土地の評価額等の算定に誤りがあるとしてM更正処分等について審査請求中であり、また、本件納税者もN更正処分等について審査請求中であるところ、これらの審査請求が認められれば、本件滞納国税の額及び請求人ら各人の連帯納付責任限度額のいずれも減少する可能性があるにもかかわらず、当該減少部分の是正が行われないうちに原処分庁が本件各通知処分を行ったのは不当である。	相続税法第34条第6項は、同条第5項の規定による通知をした場合において連帯納付義務者から徴収しようとするときは、当該連帯納付義務者に対し、所定の事項を記載した納付通知書による通知をしなければならない旨規定し、さらに、同条第1項ただし書においては、相続税に係る更正又は決定通知書を発した日から5年を経過する日までに、国税局長が連帯納付義務者に同条第6項の規定による通知をしない場合には当該連帯納付義務者においては連帯納付義務を負わない

また、請求人らは、本件長男の死亡により開始された相続において、何らの利益も受けていないのに、原処分庁が本件滞納国税の納付を請求人らに求めることは不当である。	旨規定していることから、同条第6項に規定する納付通知書による通知を行う時期は国税局長の裁量に委ねられている。そして、本件相続税について審査請求中であるなどの事情があったとしても、N更正処分等及びM更正処分等により本件納税者及び請求人らの固有の相続税の納税義務は確定し、その確定の事実に照応して請求人ら各人の連帯納付義務は法律上当然に生じていると解されるから、本件各通知処分は、連帯納付義務者に不意打ちの感を与えるなどの事態を防止するという同条項の趣旨及び目的に照らして不合理なものとはいえず、不当な処分ではない。 また、請求人らが本件滞納国税について負う連帯納付義務は、本件相続人らが本件相続によって財産を取得したことに伴い負うものであって、本件長男の死亡により開始された相続により負うものではないから、請求人らの主張する事情によって本件各通知処分は不当にはならない。

(5) 争点5（本件各限度額は過大であるか否か。）について

原処分庁	請求人ら
相続税法第34条第1項に規定する「相続等により受けた利益の価額」は、本件通達の定めのとおり、相続等により取得	相続税法第34条第1項の規定の趣旨は、相続によって取得した利益を超える課税によって、相続が発生しなかった場

した財産の価額から、相続税法第13条の規定による債務控除の額及び相続等により取得した財産に係る相続税額を控除し、さらに相続登記に要した登録免許税額を控除した後の金額をいう。

そして、相続等により取得した財産の価額は、当該財産の取得の時における時価によるべきであるから、「相続等により受けた利益の価額」も、相続開始時を基準として算定されるべきものと解される。しかし、相続登記に係る司法書士報酬及び相続税申告等のための税理士報酬は、相続開始後の事後的支出であって、それらは性質上請求人らが負担する費用であり、また、相続税法第13条の債務控除の額、相続税額及び登録免許税額のいずれにも該当しないから、控除の対象にならない。

また、登録免許税の納税義務は登記時に成立し同時に納付すべき税額が確定するところ、請求人らは本件各通知処分時において本件遺産分割協議により取得した日本国内に所在する不動産について相続登記手続をしていないから控除すべき登録免許税額がない。

なお、仮に本件長男が取得した○○所在の土地の評価額が過大に評価されたとしても、請求人らが本件相続により取得した日本国内にある財産の価額をもって

合よりも損失を被る結果は連帯納付義務者に酷であることから、これを回避する点にある。

本件通達によれば、相続後に発生する葬式費用や登録免許税額も相続等により取得した財産の価額から控除する対象に含まれており、連帯納付義務の適用自体が相続開始後の事後的なものであることからすれば、相続開始後の事後的支出である相続財産の不動産登記に係る司法書士報酬及び印紙税等、相続税申告等のための税理士報酬、更には課税処分及び滞納相続税に係る連帯納付義務の納付通知処分に対応するための弁護士報酬までも控除される必要がある。

また、本件通達は、控除される登録免許税額について、登記の実施の有無や支払の有無について定めておらず、登記が未済であったとしても登録免許税額の算定は可能であり、実際に登記した際の救済方法が不明確であることから、登記の実施の有無や支払の有無にかかわらず、登録免許税額は請求人ら各人の連帯納付責任限度額の算定に当たり控除されるべきである。

そして、本件相続により請求人らが取得した日本国内に所在する不動産に係る登記費用の見積額は、別表4の「司法書士報酬」欄及び「登録免許税等」欄のと

算定された本件各限度額には影響しない。 　したがって、本件各限度額は過大ではなく適正である。	おりであり、また、本件相続に関して請求人らが負担した税理士報酬は同表の「税理士報酬」欄のとおりであるところ、これらの額は請求人ら各人の連帯納付責任限度額の算定に当たり控除されるべき金額である。 　なお、日本の税務当局は、本件長男が本件相続により取得した不動産（土地）の財産価値を著しく過大に評価している。もし、課税対象の不動産価値が見直され、相続財産評価額が大幅に変動する場合には、本件納税者の相続税の額及び本件各限度額も大幅に変更されることになるのであるから、各課税処分における財産の違法な過大評価により本件各限度額も違法となる。 　したがって、本件各限度額は過大である。

4　当審判所の判断

(1)　争点1（本件各通知処分は、無効なM更正処分等に基づく違法なものか否か。）
　　について

　イ　法令解釈

　　　課税処分と徴収処分とはそれぞれ目的を異にする別個独立した行政処分であるから、前者の違法性は後者に承継されるものではなく、仮に課税処分に瑕疵があったとしても、その瑕疵が重大かつ明白であるために課税処分が無効であるか、又は権限ある機関によって課税処分の全てが取り消されない限り、課税処分は有効であるから、課税処分の違法を理由として徴収処分の取消しを求めることはできないと解するのが相当である。

　　　そして、課税処分が当然に無効となる重大かつ明白な瑕疵とは、処分の要件の

存在を肯定する課税庁の認定に重大かつ明白な瑕疵がある場合を指し、瑕疵が明白であるというのは、処分成立の当初から、誤認であることが外形上、客観的に一見して看取し得るほど明白である場合を指すものと解される。

ロ　認定事実

　請求人ら提出資料、原処分関係資料並びに当審判所の調査及び審理の結果によれば、以下の事実が認められる。

(イ)　当審判所は、前回裁決において、本件長男が○○を有しており、本件相続の開始日時点において、日本国内に生活の本拠がなかったものの、平成27年6月に出国するまで日本国内に生活の本拠があった非居住無制限納税義務者である一方、本件長男を除く本件相続人らは、いずれも日本国籍を有しておらず、日本国内に生活の本拠がなかった制限納税義務者である旨を争いのない事実として認定した上、本件被相続人が所有していた日本国外に所在する未分割の土地の評価に誤りがあるとする請求人らの主張に対して、その評価額は、M税務署長の主張額と同額となる旨判断した。

(ロ)　本件長男の所在地の大半は、平成19年7月29日以後平成27年6月26日に日本を出国するまでの間、日本国内であった。

(ハ)　本件長男は、平成22年10月23日から本件相続の開始日以後である平成○年○月○日まで○○の妻との婚姻を継続し、平成23年3月30日から平成27年2月23日までは同人と同じ日本国内の住所地に住民登録を有しており、同年2月24日に日本国内において住所を移転した後も、同年6月26日に日本を出国するまでの間、継続して日本国内に滞在していた。

ハ　検討及び請求人らの主張について

(イ)　上記1(4)ト(イ)及び上記ロ(イ)のとおり、当審判所は、前回裁決において、本件長男が非居住無制限納税義務者に該当する旨認定しており、また、上記1(4)ト(イ)のとおりM更正処分等が取り消された事実もないことに照らすと、本件長男が非居住無制限納税義務者であることを前提としたM更正処分等が無効となり、その結果、本件各通知処分が無効となると認めることはできない。

(ロ)　これに対し、請求人らは、上記3(1)の「請求人ら」欄イのとおり、本件各通知処分の基となったM更正処分等において本件長男が非居住無制限納税義務者と認定された点に対する各事情を挙げ、本件長男は本件期間中においても生活

の本拠が日本国内になかった制限納税義務者であり、M更正処分等には日本国外に所在する財産への課税を行った点で明らかな相続税法第１条の３の規定違反があるから、M更正処分等は、重大かつ明白な瑕疵があるか又は処分の前提を欠くという処分の根幹の過誤があることを理由として無効であり、これに基づく本件各通知処分は違法無効となる旨主張する。

しかしながら、上記ロ(ロ)及び(ハ)のとおり、本件長男には、少なくとも本件期間を通じて○○の妻と婚姻を継続し、日本国内に住民登録を有し、本件期間の大半は日本国内に所在し、かつ、滞在もしていたという外形的事実があり、平成27年２月24日に日本国内において住所を移転した後も、同年６月26日に日本を出国するまでの間、継続して日本国内に滞在していたことからすれば、本件長男は、生活の本拠を日本国内に有していたと考えるのが自然かつ合理的である。

これらによれば、上記１(3)ロのとおり○○を有していた本件長男は、本件相続の開始日である平成○年○月○日（上記１(3)イ）の前５年以内の時点において、日本国内に住所を有していたということができ、非居住無制限納税義務者であると認められ、本件長男が制限納税義務者に該当することの根拠として、請求人らが挙げる上記３(1)の「請求人ら」欄イの各事情は、直ちに本件長男が制限納税義務者に該当することを基礎付けるものではない上、上記ロ(イ)のとおり、請求人らが、M更正処分等に係る審査請求において、本件長男が非居住無制限納税義務者に該当することを争っていなかったことをも踏まえれば、上記１(4)ニ(イ)のとおり、本件長男が非居住無制限納税義務者であるとのM税務署長の認定が誤りであったとは認められない。

そして、上記１(3)ハのとおり、本件被相続人は、本件相続の開始日において、日本国外にも財産を有しており、上記１(3)ニのとおり、本件遺産分割協議は、本件被相続人が有していた財産全部に関するものでもないことからすると、本件長男は、本件相続によって財産を取得したと認められ、これを前提としてM更正処分等は行われたということができる。

そうすると、M更正処分等において、M税務署長の認定に重大な瑕疵は認められず、そうである以上、M更正処分等の成立の当初から、外形上、客観的に一見して看取し得るほど明白な誤認があるとも認められない。また、上記検討

によれば、M更正処分等がその前提を欠き、その根幹に過誤があるという請求人らの主張を踏まえても、M更正処分等には、課税要件の根幹についての内容上の過誤は認められないから、M更正処分等がその前提を欠き、その根幹に過誤があるということはできない。

したがって、請求人らの主張は理由がない。

(ハ) また、請求人らは、上記3(1)の「請求人ら」欄ロのとおり、本件滞納国税は、日本国外に所在する財産について誤って算定された過大な評価額に基づくものであり、課税対象の不動産価値を見直し、相続財産評価額が大幅に変動する場合には、請求人ら各人の連帯納付責任限度額に直接影響を及ぼすものであるから、M更正処分等には重大かつ明白な瑕疵がある旨主張する。

しかしながら、上記ロ(イ)のとおり、前回裁決において、当審判所は、日本国外に所在する財産の評価額は、M税務署長の主張額と同額となる旨の判断をしており、他方で、請求人らは、日本国外に所在する財産の評価額について見直しを行えばその評価額が減額される可能性があることを主張するのみで、M税務署長が行った評価額の算定に外形上、客観的に一見して看取し得るほど明白な認定の誤りがあったことについて具体的な主張をしておらず、請求人らが主張する当該瑕疵を認めるに足りる証拠もないから、請求人らの主張は理由がない。

なお、請求人らは、M更正処分等における財産の過大評価により本件各通知処分は違法無効となる旨主張するが、上記イのとおり、課税処分の違法性は徴収処分に承継されるものではないところ、上記1(4)ト(イ)のとおり、M更正処分等が取り消された事実はなく、M更正処分等は有効であるから、M更正処分等の違法を理由として本件各通知処分が違法無効となるものではない。

(ニ) 以上のとおり、請求人らが主張するいずれの点においても、M更正処分等は当然に無効な処分ということはできないから、本件各通知処分は、いずれも無効なM更正処分等に基づく違法なものとはいえない。

(2) 争点2（本件各通知処分の基となったM更正処分等が無効でない場合、本件各通知処分は、日本国外に所在する相続財産について相続税の納付義務を負わない制限納税義務者に対し、連帯納付義務者として本件滞納国税の納付を求める違法なものか否か。）について

イ　法令解釈

　　相続税の課税は、相続税法第15条《遺産に係る基礎控除》、同法第16条《相続
　税の総額》及び同法第17条《各相続人等の相続税額》の各規定によって、遺産全
　体を各相続人が民法に定める相続分に応じて取得したものとした場合における各
　取得金額に所定の税率を適用して相続税の総額を算出した上、その相続税の総額
　を、各相続人等の取得した財産の価額に応じてあん分する制度を採用している。

　　このような制度によれば、課税の面における相続人等の負担の公平は図られる
　が、共同相続人中に無資力の者があったときなどには租税債権の満足が図られな
　くなり、共同相続人中に無資力の者がいない他の納税者との間での公平が保てな
　くなる。そこで、相続税法第34条第1項は、各相続人等に対し、自らが負担すべ
　き固有の相続税の納税義務のほかに、他の相続人等の固有の相続税の納税義務に
　ついて、当該相続等により受けた利益の価額に相当する金額を限度として、連帯
　納付義務を負担させたものであり、この連帯納付義務は、同法が相続税の徴収確
　保を図るため、共同相続人中に無資力の者があることに備え、相互に各相続人等
　に課した特別の責任であると解される。

ロ　検討及び請求人らの主張について

　　請求人らは、上記3⑵の「請求人ら」欄のとおり、本件各通知処分は、非居住
　無制限納税義務者である本件長男が本件相続により取得した日本国外に所在する
　財産に対して課税された相続税の納付の不履行に基づいてされており、結果的に、
　日本国外に所在する財産に対する相続税を制限納税義務者である請求人らに課税
　していることになるから、連帯納付義務は無制限納税義務者である納税者に対し
　てのみ適用されるべきであって、制限納税義務者に適用を拡大するべきではない
　旨主張する。

　　しかしながら、相続税法第34条第1項本文は、同一の被相続人から相続等によ
　り取得した財産に係る相続税に関して互いに連帯納付義務を負う者について、上
　記1⑵ホのとおり、「同一の被相続人から相続等により財産を取得した全ての者」
　である旨規定し、制限納税義務者を除外する旨の規定を特に設けていないこと、
　及び連帯納付義務が、上記イのとおり、相続税の徴収確保を図るため、共同相続
　人中に無資力の者があることに備えて相互に各相続人等に特別の責任を課す趣旨
　に基づくものであることからすれば、連帯納付義務を負う者を無制限納税義務者

— 137 —

である納税者のみに限定して解釈すべき理由があるとは認め難く、制限納税義務者か無制限納税義務者かを問わず、連帯納付義務を負うものというべきである。そうすると、本件各通知処分は、制限納税義務者である請求人らに対し、連帯納付義務者として本件滞納国税の納付を求める点においていずれも違法なものとはいえない。

　　したがって、この点に関する請求人らの主張は採用することができない。

(3) 争点3（本件各通知処分は、その基となった各課税処分に係る審査請求中にされたことを理由に違法となるか否か。）について

　イ　法令解釈

　　(イ)　通則法第105条第1項本文は、上記1(2)イのとおり、国税に関する法律に基づく処分に対する不服申立ては、その目的となった処分の効力、処分の執行又は手続の続行を妨げない旨規定している。ここにいう「処分の効力」とは、不服申立ての目的となった処分の有する種々の法律上の効力の総称であり、「処分の効力を妨げない」とは、更正や決定等に係る納付すべき税額が確定すること及び所定の期限までに納付すべきであること等の効力が不服申立てによって影響されないことをいうものと解される。次に、「処分の執行」とは、その処分について、執行行為を必要とする場合において、その執行行為として行われる法律行為又は事実行為をいい、「処分の執行を妨げない」とは、更正や決定等に係る税額が所定の期限までに納付されない場合に不服申立てがされても、督促や滞納処分を執行し得ることをいうものと解される。

　　(ロ)　相続税法第34条第1項に規定する連帯納付義務は、上記(2)イのとおり、相続税法が相続税の徴収確保を図るために各相続人等に相互に課した特別の責任であって、その義務履行の前提条件となる連帯納付義務の確定は、各相続人等の固有の相続税の納税義務の確定という事実に照応して、法律上当然に生ずるものとされており、相続人等の固有の相続税の納税義務が確定すれば、国税の徴収に当たる所轄庁は、連帯納付義務者に対して徴収手続を行うことができると解される。なお、連帯納付義務については、保証人や第二次納税義務者の場合のように補充性を認めた規定（通則法第52条《担保の処分》第4項、国税徴収法第32条《第二次納税義務の通則》第4項）がないことから補充性がないと解される。

ロ　検討及び請求人らの主張について

　　請求人らは、上記3(3)の「請求人ら」欄のとおり、M更正処分等及びN更正処分等のそれぞれに係る審査請求がされており、これらの審査請求が認められ、相続税の課税価格が減少して本件各通知処分の基になる相続税の額が減少すれば、請求人ら各人の連帯納付責任限度額も減少する可能性があるところ、最終的な課税財産の金額が確定していないにもかかわらず、本件納税者の納税義務が確定し連帯納付義務も確定したと一方的に解釈して行われた本件各通知処分は違法である旨主張する。

　　しかしながら、上記イのとおり、M更正処分等及びN更正処分等のそれぞれの処分の効力、すなわち、当該各処分によって請求人ら及び本件納税者それぞれに固有の相続税の納付すべき税額が確定して所定の期限までに納付すべきであること等の効力は、当該各処分によって既に生じているものであり、本件納税者の固有の相続税の納税義務の確定という事実に照応して請求人ら各人の連帯納付義務も法律上当然に生じており、これらの確定等の効力は当該各処分に係る各審査請求によって影響されることはない。また、不服申立ては、その目的となった処分の執行を妨げず、連帯納付義務には補充性がないことからすれば、M更正処分等及びN更正処分等のそれぞれに係る審査請求がされていても、そのことによって直ちに原処分庁の請求人らに対する本件滞納国税の徴収手続が妨げられることにはならないから、本件滞納国税を徴収するために行われた本件各通知処分は、M更正処分等及びN更正処分等のそれぞれに係る審査請求中にされたことを理由としていずれも違法となることはない。

　　したがって、この点に関する請求人らの主張には理由がない。

(4)　争点4（本件各通知処分は不当な処分であるか否か。）について

イ　法令解釈

　(イ)　上記(3)イ(ロ)のとおり、相続人等の固有の相続税の納税義務が確定すれば、国税の徴収に当たる所轄庁は、連帯納付義務者に対して徴収手続を行うことができることになる。

　　　他方で、各相続人等の事情は一様ではなく、連帯納付義務を負う相続人等が、他の相続人等の履行状況について分からない場合や、納付すべき金額、納付期限その他連帯納付義務の具体的内容を知ることができない場合もあるから、そ

のまま徴収手続を行うと、連帯納付義務者にとって不意打ちとなり、連帯納付義務者を困惑させる事態が生じる可能性がある。

このような事態を生じさせないために、相続税法は、本来の納税義務者が相続税を完納しないときは、本来の納税義務者が円滑に相続税を納付している場合に比して連帯納付義務の履行を求められる可能性が高まったものとして、相続税法第34条第5項の規定に基づき、連帯納付義務者に対してその旨を通知するとした上、その後、実際に連帯納付義務者から徴収しようとするときには、同条第6項の規定に基づき、連帯納付義務者に対して納付すべき金額、納付場所その他必要な事項を記載した納付通知書による通知をしなければならないとしたものと解される。

(ロ) 処分の不当とは、処分を行うにつき、法の規定から処分行政庁に裁量権が付与されていると認められる場合において、処分行政庁の行った処分が、裁量権の逸脱又は濫用として違法であるとまではいえないが、当該処分の基礎となる法や制度の趣旨及び目的に照らして不合理であることをいうと解するのが相当である。

ロ 検討及び請求人らの主張について

(イ) 請求人らは、上記3(4)の「請求人ら」欄のとおり、本件各通知処分時において、M更正処分等及びN更正処分等のいずれについても審査請求がされており、これらの審査請求が認められれば、本件滞納国税の額及び請求人ら各人の連帯納付責任限度額のいずれも減少する可能性があるにもかかわらず、これらの是正がされないうちに行われた本件各通知処分は不当である旨主張する。

しかしながら、M更正処分等及びN更正処分等の各処分の効力並びに請求人ら各人の連帯納付義務がいずれも既に生じており、当該各処分の効力及び請求人らに対する本件滞納国税の徴収手続が当該各処分に係る各審査請求によって影響されず、本件各通知処分が当該各処分に係る各審査請求中にされたことを理由としていずれも違法とならないことは、上記(3)ロのとおりである。

このように、M更正処分等及びN更正処分等のそれぞれに係る審査請求がされていても、請求人らに対する本件滞納国税の徴収手続を法律上適法に行うことができるという状況下において、原処分庁は、本件納税者に対する上記1(4)ホ(イ)の督促後一月を経過しても本件滞納国税が完納されなかったことから、請

求人らが連帯納付義務の履行を求められる可能性が高まったものとして、請求人らに対して相続税法第34条第5項の規定に基づく上記1⑷ホ㈜の各通知をした上で、請求人らから本件滞納国税を徴収することも考え、その徴収に先立ち、請求人らが不意打ちを受けるなどの事態を避けるために、同条第1項第1号に規定する時期の範囲内で同条第6項の規定による本件各通知処分をしたものと認められる。そうすると、本件各通知処分は、上記⑵イ及び上記⑶イ㈛で説示した相続税の徴収確保を図るために各相続人等に課された特別の責任である連帯納付義務に関する相続税法の趣旨及び目的に照らしていずれも不合理なものであるということはできない。

㈛　また、請求人らは、上記3⑷の「請求人ら」欄のとおり、本件長男の死亡により開始された相続において、何らの利益も受けていないのに、原処分庁が本件滞納国税の納付を請求人らに求めることは不当である旨主張する。

　　しかしながら、請求人らが本件滞納国税について連帯納付義務を負うのは、本件相続により財産を取得したことによるものであり、請求人らが本件長男の死亡により開始された相続によって利益を受けているか否かは、請求人らの本件滞納国税に係る連帯納付義務の存否や本件各通知処分の合理性に影響を及ぼすものではない。

㈜　したがって、本件各通知処分はいずれも不当な処分ではないから、この点に関する請求人らの主張には理由がない。

⑸　争点5（本件各限度額は過大であるか否か。）について

イ　法令解釈等

　　相続税法第34条第1項は、上記1⑵ホのとおり、同一の被相続人から相続等により財産を取得した全ての者は、その相続等により取得した財産に係る相続税について、当該相続等により受けた利益の価額に相当する金額を限度として、互いに連帯納付の責めに任ずる旨規定している。これは、上記⑵イのとおり、同法が相続税の徴収確保を図るため、相互に各相続人等に課した特別の責任であるが、その連帯納付義務を「相続等により受けた利益の価額に相当する金額」の範囲に限定したのは、各相続人等に対し相続等により受けた経済価値を超える負担を課すことがないようにするためであると解される。そうすると、同項に規定する「相続等により受けた利益の価額に相当する金額」とは、相続人等が現実に取得

した利益の価額に相当する金額であると解するのが相当であって、当該相続人等が現実に取得した利益の価額に相当する金額とは、相続等により取得した財産の価額から当該財産を取得したことに伴って現実に支払義務が生じた金額を控除した後の金額と解するのが相当である。

　ところで、上記１(2)チのとおり、本件通達は、「相続等により受けた利益の価額」とは、相続等により取得した財産の価額から、①相続税法第13条の規定による債務控除の額、②相続等により取得した財産に係る相続税額、及び③相続等により取得した財産に係る登録免許税額を控除した後の金額をいう旨定めている。

　このような本件通達の定めは、①相続人（包括受遺者を含む。以下同じ。）は被相続人（遺贈者を含む。以下同じ。）の権利義務を承継すること、②納税義務が生じる相続等により財産を取得した者は当然に当該財産に係る相続税額（本税）を負担すること、及び③相続等により不動産を取得した場合には、権利に関する法的安定性の観点から売買により不動産を取得したときと同様に所有権の移転登記手続を行うことが一般的であり、相続等による財産の取得を基因として登記する際に納税義務が生じる登録免許税についても、相続等により不動産等を取得する際には通常生じるものであることを踏まえたものであり、本件通達の取扱いは、当審判所においても相当と認められる。

ロ　認定事実

　請求人ら提出資料、原処分関係資料並びに当審判所の調査及び審理の結果によれば、以下の事実が認められる。

(イ)　本件相続により本件長男を除く本件相続人らが、本件遺産分割協議により取得した日本国内に所在する不動産については、本件各通知処分の時点において、いずれも相続による権利の移転の登記がされていなかった。

(ロ)　請求人らが本件相続により取得した日本国内に所在する財産の各価額は、それぞれ前回裁決で認定された別表１の「裁決」欄の請求人ら各人に係る「取得財産の価額」欄の各金額と同額である（別表３の「審判所認定額」欄の請求人ら各人の①の金額のとおり。）。

(ハ)　本件相続において、請求人ら各人に係る相続税法第13条の規定による各債務控除の額は、それぞれ前回裁決で認定された別表１の「裁決」欄の請求人ら各人に係る「債務及び葬式費用の金額」欄の各金額と同額である（別表３の「審

判所認定額」欄の請求人ら各人の②の金額のとおり。)。

　㈡　請求人ら各人が本件相続により取得した上記㈡の各財産に係る各相続税額は、
　　それぞれ前回裁決で認定された別表1の「裁決」の請求人ら各人に係る「納
　　付すべき税額」欄の各金額と同額である（別表3の「審判所認定額」欄の請求
　　人ら各人の③の金額のとおり。）。

ハ　検討及び請求人らの主張について

　　本件相続において、請求人らには、上記ロ㈡及び㈡のとおり、相続税法第13条
　の規定による各債務控除の額及び各相続税額として、それぞれ別表3の「審判所
　認定額」欄の請求人ら各人に係る②及び③の各金額が生じているところ、これら
　は、相続等により財産を取得したことに伴って現実に支払義務が生じた金額であ
　り、かつ、本件通達にも定められたものであるから、相続税法第34条第1項に規
　定する「相続等により受けた利益の価額」の算定に当たって控除されるものであ
　る。

　　これらに加え、請求人らは、上記3⑸の「請求人ら」欄のとおり、連帯納付義
　務の適用自体が相続開始後の事後的なものであり、相続後に発生する葬式費用等
　が相続等により取得した財産の価額から控除する対象に含まれていることを理由
　に、①不動産登記を行う場合の司法書士報酬、登録免許税及び印紙税等の各見積
　額、並びに②相続税申告等のための税理士報酬並びに課税処分及び滞納相続税に
　係る連帯納付義務の納付通知処分に対応するための弁護士報酬の各負担額（ただ
　し、弁護士報酬の具体的な負担額についての主張はない。）もそれぞれ本件相続
　により取得した財産の価額から控除されるべきである旨主張する。

　　しかしながら、上記イのとおり、「相続等により受けた利益の価額に相当する
　金額」の算定に当たり、相続等により取得した財産の価額から控除すべき金額は、
　相続等により財産を取得したことに伴って現実に支払義務が生じた金額と解する
　のが相当であるところ、上記ロ㈠のとおり、本件長男を除く本件相続人らが取得
　した日本国内に所在する不動産については、いずれも相続による権利の移転の登
　記がされておらず、請求人らが請求人ら各人の連帯納付責任限度額の算定に当た
　って控除されるべき旨主張する司法書士報酬等の各見積額は、そもそも請求人ら
　に現実に支払義務が生じたものとは認められないから、これらの各見積額の内容
　について検討するまでもなく、請求人ら各人の連帯納付責任限度額の算定に当た

り、これらの各見積額を控除することはできない。

　また、請求人らが控除されるべき旨主張する税理士報酬等は、請求人らに現実に支払義務が生じているとした場合でも、これらはいずれも請求人らが任意で相続税申告書作成等の業務を税理士又は弁護士に委任することにより生じるものであり、相続等により財産を取得する場合において、相続税額のように納税義務に基づいて当然に負担が生じるものではないし、登録免許税額のように一般的に生じるものとは必ずしも言い難いものであり、本件通達に定める「相続税法第13条の規定による債務控除の額」及び「相続等により取得した財産に係る相続税額及び登録免許税額」のいずれにも該当しないから、請求人ら各人の連帯納付責任限度額の算定に当たり、これらの報酬額を控除することはできない。

　なお、相続税法第13条第1項において、相続税の課税価格に算入すべき価額の算定上、被相続人の債務の金額のほかに被相続人に係る葬式費用のうちその者の負担に属する部分の金額の控除も認められているが、これは、被相続人に係る葬式費用が、被相続人の相続開始に伴い必然的に発生し、社会通念上も、相続財産そのものが担っている負担ともいえることを考慮して控除が認められたものとされており、本件通達も、このような法令の趣旨に沿って定められたものであって、相続開始後に発生した事後的支出を「相続等により受けた利益の価額」から一律に控除することを認める趣旨と解することはできない。

　さらに、請求人らは、上記3(5)の「請求人ら」欄のとおり、本件各通知処分の基となる各課税処分においては、本件長男が本件相続により取得した不動産の財産価値が過大に評価されているから、当該各課税処分の違法により本件各限度額も違法となる旨主張するが、M更正処分等の違法を理由として本件各通知処分が違法とならないことは、上記(1)ハで既に述べたとおりであり、請求人らが主張する当該理由によって本件各限度額が違法となるものではない。

　なお、連帯納付義務者は、自己の連帯納付責任限度額については、連帯納付義務の履行が求められる徴収手続の段階において違法の主張をして争い得ると解されるところ、請求人ら各人の連帯納付責任限度額は、上記イのとおり、請求人ら各人が「相続等により取得した財産の価額」から当該財産を取得したことに伴って現実に支払義務が生じた金額をそれぞれ控除した後の金額となることから、本件長男が本件相続により取得した日本国外に所在する不動産の価額は、請求人ら

各人の当該「相続等により取得した財産の価額」には含まれないことになる。そうすると、仮に、かかる不動産の評価が見直され、その評価額が減額されたとしても、それに伴って請求人ら各人の連帯納付責任限度額が減額されることはないから、この点から本件各通知処分が違法となることもない。

したがって、この点に関する請求人らの主張は、採用することができない。

ニ 請求人ら各人の連帯納付責任限度額について

以上に基づき、請求人らがそれぞれ本件相続により受けた利益の価額に相当する金額についてみると、請求人らは、別表3の「審判所認定額」欄のとおり、本件相続により請求人らがそれぞれ取得した財産の各価額（上記ロ(ロ)）から、相続税法第13条の規定による各債務控除の額（上記ロ(ハ)）及び本件相続により請求人らが取得した上記ロ(ロ)の各財産に係る各相続税額（上記ロ(ニ)）を控除した後の請求人ら各人の④相当の金額について、それぞれ本件相続により利益を受けていると認められる。したがって、請求人らは、別表3の「審判所認定額」欄の各人の④の金額を限度としてそれぞれ本件滞納国税に係る連帯納付義務を負うものと認められる。

そうすると、本件各通知処分の時点において、本件各限度額は、それぞれ当審判所が認定した請求人ら各人の連帯納付責任限度額を下回り、過大ではないから、これらを取り消すべき理由はない。

なお、原処分庁は、本件各限度額の算定に当たり、別表3の「原処分庁主張額」欄のとおり、請求人ら各人に係る上記ロ(ニ)の各相続税額にそれぞれ請求人ら各人が本件各通知処分の時点までに納付した延滞税の額及び過少申告加算税の額を含めて、これらを本件相続により請求人ら各人がそれぞれ取得した財産の各価額（上記ロ(ロ)）から控除しているが、延滞税及び加算税は、相続後における相続人等の納税義務や申告義務が適正に果たされなかったことに基づき生じるものであり、上記イのとおり、相続税額（本税）のように相続等に基づき当然に租税負担が生じるものではないから、相続税額（本税）と同様に取り扱うことはできず、これらを相続等により取得した財産の価額から控除すべき相続税額に含めることは相当ではない。

(6) 本件各通知処分の適法性について

以上のとおり、請求人らの主張はいずれも採用することができず、上記1(4)ホの

経緯のとおり行われた本件各通知処分は、いずれも相続税法第34条第6項の規定に基づきされている。

　また、本件各通知処分のその他の部分については、請求人らは争わず、当審判所に提出された証拠資料等によっても、これを不相当とする理由は認められない。

　したがって、本件各通知処分はいずれも適法である。

(7)　結論

　よって、審査請求は理由がないから、これを棄却することとする。

別表1　M更正処分等の経緯（省略）

別表2　本件滞納国税の明細（令和4年4月27日現在）（省略）

別表3　請求人ら各人の連帯納付責任限度額の明細（省略）

別表4　司法書士報酬、登録免許税等及び税理士報酬（請求人ら主張額）（省略）

別紙　　共同審査請求人（省略）

四　租税特別措置法関係

〈令和5年4月～6月分〉

租税特別措置法

事例 7 （小規模宅地等についての相続税の課税価格の計算の特例）

　相続開始時に共同住宅の貸室の一部が空室であったことは、一時的に賃貸されていなかったものとは認められないため、その敷地の当該空室に対応する部分は、貸付事業用宅地等に該当せず、小規模宅地等の特例の適用はないとした事例（令和元年10月相続開始に係る相続税の更正処分及び過少申告加算税の賦課決定処分・棄却・令和5年4月12日裁決）

《ポイント》

　本事例は、共同住宅の貸室のうち、相続開始の時に5部屋が空室であったところ、うち3室は、その状態が長期にわたっており、残る2室についても積極的に新たな入居者を募集していたとはいえないことなどから、賃貸されていたのと同視し得る状況にはなく、一時的に賃貸されていなかったものとは認められないと判断したものである。

《要旨》

　請求人は、相続開始の直前において、被相続人が所有していた建物（本件共同住宅）の8部屋あるうち5部屋が空室（本件各空室部分）であったが、被相続人は、本件共同住宅を貸付事業以外の用に供さず維持管理を行い、インターネットサイトで本件各空室部分の入居者の募集をしていたことから、その敷地（本件宅地）の全てが貸付事業の用に供されていたとして、本件宅地の全てに租税特別措置法第69条の4《小規模宅地等についての相続税の課税価格の計算の特例》第1項に規定する特例（本件特例）の適用がある旨主張する。

　しかしながら、本件各空室部分のうち3部屋については、相続開始の時に長期にわたって空室の状態が続き、客観的に空室であった期間だけみても、相続開始の時に賃貸されていたのと同視し得る状況になく、一時的に賃貸されていなかったものとは認められない。また、本件各空室部分のうち残る2部屋については、相続開始の時に空室であった期間は長期にわたるものではなく、インターネットサイトに入居者を募集する旨の広告が掲載されていたものの、①その問合せ先である被相続人と一般媒介契約を締結していた不動産業者は本件共同住宅に関して入居者を仲介した実績がないこと、②当該不動

産業者は被相続人と連絡が取れなかったことにより平成27年以降の本件共同住宅の空室の状況を把握していなかったこと、③当該不動産業者ではオーナーから広告の掲載を取りやめたい旨の申出がない限りその掲載を継続する扱いをしていたことからすれば、被相続人が上記一般媒介契約及び上記広告を放置していたにすぎず、積極的に新たな入居者を募集していたとはいえないし、現に相続税の申告期限までの期間をみても、新たな入居者はなく、空室のままだったものである。したがって、当該2部屋についても、相続開始の時に賃貸されていたのと同視し得る状況になく、一時的に賃貸されていなかったものとは認められない。以上のとおり、本件各空室部分は、被相続人の貸付事業の用に供されていたとは認められないから、本件宅地のうち、本件各空室部分に対応する部分に本件特例の適用はない。

《参照条文等》

租税特別措置法第69条の4第1項、第3項第4号イ

租税特別措置法施行令第40条の2第4項

租税特別措置法通達69の4－24の2

《参考判決・裁決》

東京地裁平成6年7月22日判決（税資205号209頁）

大阪地裁平成28年10月26日判決（税資266号順号12923）

（令和5年4月12日裁決）

《裁決書（抄）》

1　事　実

(1)　事案の概要

　　本件は、審査請求人（以下「請求人」という。）が、相続により取得した宅地に小規模宅地等についての相続税の課税価格の計算の特例を適用して相続税の申告をしたところ、原処分庁が、当該宅地の一部は当該特例を適用することができないとして相続税の更正処分等をしたのに対し、請求人が、原処分の一部の取消しを求めた事案である。

(2)　関係法令等

　　関係法令等の要旨は、別紙のとおりである。

　　なお、別紙で定義した略語等については、以下、本文及び別表においても使用する。

(3)　基礎事実及び審査請求に至る経緯

　　当審判所の調査及び審理の結果によれば、以下の事実が認められる。

　イ　相続の状況

　　(イ)　G（以下「本件被相続人」という。）は、令和元年10月○日に死亡し、その相続（以下「本件相続」という。）が開始した。

　　　　本件相続に係る共同相続人は、いずれも本件被相続人の子であるH（以下「本件長女」という。）及び請求人の2名である。

　　(ロ)　本件相続に係る遺産分割協議は、令和2年3月1日付で成立し、本件相続に係る相続財産のうち次表の順号1の土地（以下「本件宅地」という。）及び本件宅地の上に存する同表の順号2の建物（以下「本件共同住宅」という。）は請求人が取得した。

順号	財産の種類	所在・地番	地目又は種類 （構造）	地積又は床面積
1	土地	d市e町○○○○	宅地	181.85㎡
2	建物	d市e町○−○	共同住宅 （木造2階建）	185.08㎡

　ロ　本件共同住宅の状況

本件共同住宅は、木造2階建て全8部屋で構成されており、本件相続の開始の直前において、101号室、103号室及び105号室の3部屋が貸し付けられ（以下、当該3部屋を「本件各貸付部分」という。）、102号室、201号室、202号室、203号室及び205号室の5部屋が空室であった（以下、当該5部屋を「本件各空室部分」という。）。

ハ　申告等の状況

　　(イ)　請求人は、別表1の「申告」欄のとおり、本件相続に係る相続税（以下「本件相続税」という。）の申告書（以下「本件申告書」という。）を法定申告期限までに本件長女と共同で提出した。

　　　　本件申告書において、請求人及び本件長女は、本件宅地について、別表2の1の「申告」欄のとおり評価した上、同表の2の「申告」欄のとおり本件特例を適用した価額を課税価格に算入した。また、請求人及び本件長女は、本件長女がJ社の年金受給権（以下「本件年金受給権」という。）を生命保険契約の保険金として取得したとして、他の生命保険金と併せて相続税法第12条《相続税の非課税財産》第1項第5号の非課税財産を控除した価額を課税価格に算入した。

　　(ロ)　原処分庁は、これに対し、別表1の「更正処分等」欄のとおり、令和4年3月28日付で本件相続税の更正処分（以下「本件更正処分」という。）及び過少申告加算税の賦課決定処分（以下「本件賦課決定処分」という。）をした。

　　　　本件更正処分において、本件宅地は、別表2の1の「更正処分」欄のとおり評価された上、同表の2の「更正処分」欄のとおり本件特例を適用した価額が課税価格に算入されている。また、本件更正処分において、本件年金受給権は、相続税法第3条《相続又は遺贈により取得したものとみなす場合》第1項第1号に規定する生命保険契約の保険金に該当しないとして、同法第12条第1項第5号の非課税財産を控除しない価額が課税価格に算入されている。

　　(ハ)　請求人は、令和4年6月17日、本件更正処分及び本件賦課決定処分に不服があるとして、審査請求をした。

2　争点

(1)　本件各空室部分に係る本件宅地の部分に本件特例の適用があるか否か（争点1）。

(2)　本件年金受給権に関して過少申告となったことについて、通則法第65条第4項第

1号に規定する「正当な理由があると認められるものがある場合」に該当するか否か（争点2）。

3 争点についての主張

(1) 争点1（本件各空室部分に係る本件宅地の部分に本件特例の適用があるか否か。）について

原処分庁	請求人
以下の理由により、本件各空室部分に係る本件宅地の部分に本件特例の適用はない。	以下の理由により、本件各空室部分に係る本件宅地の部分に本件特例の適用がある。
イ 本件宅地に被相続人等の事業の用以外の用に供されていた部分があること	イ 本件宅地に被相続人等の事業の用以外の用に供されていた部分がないこと
(イ) 措置法施行令第40条の2第4項の規定によると、本件特例の適用を受けようとする宅地等のうちに被相続人等の事業の用以外の用に供されていた部分があるときは、当該被相続人等の事業の用に供されていた部分に限って本件特例を受けることができるものとされているから、本件宅地の全体が本件特例の適用を受けることができるのは、本件被相続人が本件相続の開始の直前において、本件共同住宅の全8室を貸付事業の用に供していた場合に限られると解するのが相当である。	(イ) 本件特例に係る法令には、「賃貸割合」を乗じて計算するとは規定されておらず、貸付事業の用に供していれば本件特例は適用されるものであるから、本件各空室部分を除いた賃貸割合を乗じて計算する必要はない。
(ロ) また、措置法通達69の4-24の2では、相続開始の時に一時的に賃貸されていなかった部分も貸付事業の用に供されていた宅地等に含まれる	(ロ) 国税庁のホームページに掲載されているタックスアンサーNo.5400-2では、「事業の用に供した日」とは、現実に入居がなかった場合で

旨定めている。

(ハ) 本件相続の開始の直前において、本件各空室部分については、賃借人が入居していなかった。

また、①本件各空室部分は、賃貸されていない期間が本件相続の開始の前後にわたり長期に及んでいると認められること、②本件各空室部分が空室となった直後から新規の入居者を募集しているなどの事情はなかったと推認できること、③本件各空室部分についていつでも入居可能な状態に空室を管理していたとする事情も認められないことから、本件各空室部分は、本件相続の開始の直前において一時的に賃貸されていなかったと認められるものではない。

そして、請求人のインターネットサイトの募集広告については、いつ、誰が新規の入居者の募集を依頼したなどの具体的な内容が明らかでないことから、本件各空室部分について空室になった直後から新規の入居者の募集をしていたとは認められない。

したがって、本件各空室部分に係る本件宅地の部分が本件相続の開始

も、建物が完成し、入居募集を始めていれば、事業の用に供したものと考えられる旨記載されている。

(ハ) 本件共同住宅は、本件相続の開始日の直前において、本件各空室部分があったものの、維持管理を行っており、その費用は一般的に経費として認められていることからも分かるように、貸付事業以外の用に供しておらず、空室であっても事業を営んでいた。

また、本件各空室部分については、本件被相続人が複数のインターネットサイトで入居者の募集をしている。

したがって、本件宅地は、その全てが貸付事業の用に供されていた宅地である。

の直前において貸付事業の用に供されていたとは認められない。	
ロ　請求人が、本件被相続人の貸付事業を引き継ぎ、申告期限まで引き続き当該貸付事業の用に供していなかったこと 　　本件各空室部分は、令和元年8月から令和3年9月までの間は空室であるところ、請求人が、本件相続の開始の時から本件相続税の申告期限までに、本件各空室部分について新規の入居者を募集するなど、いつでも入居可能な状態に空室を管理していたとは認められないことから、本件各空室部分に係る本件宅地の部分について、請求人が本件被相続人の貸付事業を引き継ぎ、申告期限まで引き続き当該貸付事業の用に供していたとは認められない。	ロ　請求人が、本件被相続人の貸付事業を引き継ぎ、申告期限まで引き続き当該貸付事業の用に供していたこと 　　本件相続の開始の時以降、請求人は本件各空室部分については、新たな入居者の募集を行っていないが、複数のインターネットサイトでは、本件相続の開始の時以降も募集広告が出ているので、請求人が本件被相続人の貸付事業を引き継ぎ、申告期限まで引き続き当該貸付事業の用に供していた。

(2)　争点2（本件年金受給権に関して過少申告となったことについて、通則法第65条第4項第1号に規定する「正当な理由があると認められるものがある場合」に該当するか否か。）について

請求人	原処分庁
以下の理由により、通則法第65条第4項第1号に規定する「正当な理由があると認められるものがある場合」に該当する事情がある。	以下の理由により、通則法第65条第4項第1号に規定する「正当な理由があると認められるものがある場合」に該当する事情はない。
イ　本件年金受給権の申告方法について、本件長女が税務職員へ相談したと	イ　本件長女による本件年金受給権の申告方法に関する税務職員への相談につ

ころ、明確な回答がなく不十分な対応をされ、また、生命保険金として取りあえずそのまま申告するよう指導された。

ロ　請求人は、本件相続税の申告後、法定申告期限までに適切な指導を受けていれば、適切な申告ができていたし、故意に誤った申告をしたものではない。

いては、具体的な相談内容などの事実関係が明らかではない。

ロ　相続税法は、相続税について申告納税制度を採用しており、申告納税制度の下では、税務署長からの申告誤りの指摘の有無にかかわらず、自らの判断と責任において、法令の規定に基づき課税標準等及び税額等を正しく計算し、法定申告期限内に申告しなければならないことからすれば、原処分庁が本件年金受給権に係る申告誤りについて法定申告期限までに指導しなかったとしても、そのことをもって正当な理由があると認められるものがある場合に該当する事情とはならない。

なお、過少申告加算税は、本件申告書に係る申告が単に過少申告であるという客観的事実のみによって、請求人に対し課されることとなるので、請求人が故意に誤った申告をしたものではないとしても、そのことをもって過少申告加算税が課されないこととはならない。

4　当審判所の判断

(1)　争点1（本件各空室部分に係る本件宅地の部分に本件特例の適用があるか否か。）について

イ　法令解釈等

(イ)　本件特例は、別紙の２の(1)及び(2)のとおり、①相続財産である宅地等が、相続の開始の直前において、被相続人等の貸付事業の用に供されていて、建物の敷地の用に供されているものであって（措置法第69条の４第１項）、②被相続人等の貸付事業の用に供されていた宅地等で、被相続人の親族が、相続開始時から申告期限までの間に当該宅地等に係る被相続人の貸付事業を引き継ぎ、申告期限まで引き続き当該宅地等を有し、かつ、当該貸付事業の用に供していることなどの要件を満たす「貸付事業用宅地等」（同条第３項第４号）に該当するときに適用されるものである。

(ロ)　また、措置法施行令第40条の２第４項では、別紙の２の(4)のとおり、本件特例の適用を受けようとする宅地等のうちに被相続人等の事業の用以外の用に供されている部分があるときは、当該被相続人等の本件特例に規定する事業の用に供されていた部分に限ると規定している。

(ハ)　そして、措置法通達69の４－24の２では、別紙の２の(6)のとおり、①貸付事業の用に供されていた宅地等であるか否かは、相続開始の時において、当該宅地等が現実に貸付事業の用に供されていたかどうかにより判定することを原則としつつ、②貸付事業の用に供されていた宅地等には、貸付事業に係る建物のうちに相続開始の時において一時的に賃貸されていなかったと認められる部分がある場合における当該部分に係る宅地等の部分が含まれることを定めている。

　　この点、本件特例の趣旨は、相続の開始の直前において、被相続人等の事業の用に供されていた宅地等が相続人等の生活基盤の維持のために不可欠のものであること、雇人及び取引先等事業者以外の多くの者の社会的基盤にもなり、事業を継続させる必要性が高いことなどから、相続の開始の直前に事業の用に供されていた宅地等に限って、相続税の課税価格の計算上減額を認めたものであると解されるから、同69の４－24の２において、上記①のとおり、原則として相続開始の時に当該宅地等が現実に貸付事業の用に供されていたかどうかにより判定するとされた定めは、当審判所においても相当であると認められる。また、被相続人等が従来から貸付事業を行ってきた宅地等上の建物について、相続開始の時にたまたま一時的に賃貸されていなかった部分がある場合にまで、当該建物の部分に係る宅地等の部分が貸付事業の用に供されていなかった旨の判定を行うことは実情に即したものとはいえないと考えられることから、一時

的に賃貸されていなかったと認められる当該建物の部分に係る宅地等の部分も貸付事業の用に供されていた宅地等に含まれる旨の上記②の定めも、当審判所において相当であると認められる。

そして、本件特例の趣旨等からすれば、上記の「一時的に賃貸されていなかったと認められる」場合とは、賃貸借契約が相続開始の時に終了していたものの引き続き賃貸される具体的な見込みが客観的に存在し、現に賃貸借契約終了から近接した時期に新たな賃貸借契約が締結されたなど、相続開始の時の前後の賃貸状況等に照らし、実質的にみて相続開始の時に賃貸されていたのと同視し得るものでなければならないというべきである。

ロ　認定事実

請求人提出資料、原処分関係資料並びに当審判所の調査及び審理の結果によれば、以下の事実が認められる。

(イ)　本件被相続人は、平成20年5月21日、K社○○店（以下「本件不動産業者」という。）との間で、本件共同住宅に関して一般媒介契約を締結した。

なお、本件共同住宅に関して、本件被相続人と本件不動産業者は上記契約以外の契約は締結しておらず、本件不動産業者は本件共同住宅に係る集金業務及び管理業務を行っていない。

(ロ)　本件共同住宅については、平成20年5月頃から本件申告書の提出期限（以下「本件申告期限」という。）に至るまで、複数の不動産業情報サイト（以下「本件各情報サイト」という。）に、問合せ先を本件不動産業者として入居者の募集をする旨の広告が掲載されていた。

なお、本件不動産業者では、オーナーから広告の掲載を取りやめたい旨の申出がない限りその掲載を継続しており、また、広告の掲載のみでは手数料を取らず、新たに入居者があるときに仲介手数料を取っている。

(ハ)　本件不動産業者は、平成20年5月に本件被相続人と上記(イ)の一般媒介契約を締結してから、本件申告期限に至るまでの間、本件共同住宅に関して入居者を仲介した実績はない。

また、本件不動産業者は、1か月に1回程度、広告掲載の依頼者に入居の状況を確認しているところ、平成26年当時の本件共同住宅について、102号室、105号室、202号室、203号室及び205号室が空室であると把握していたが、本件

被相続人と連絡が取れなかったことにより、平成27年以降の本件共同住宅の空室の状況を把握していない。

　なお、下記㈡のとおり、平成26年当時の本件共同住宅の105号室は、実際には空室ではなく賃貸中であった。

㈡　本件相続の開始の時及び本件申告期限における本件共同住宅の賃貸状況等は、次表のとおりである。

　なお、上記１の(3)のイの(ロ)のとおり、遺産分割協議により本件宅地及び本件共同住宅は請求人が取得したところ、本件共同住宅の101号室、103号室及び105号室の賃貸については、請求人が本件被相続人の貸付事業を引き継いでいる。

部屋番号	賃貸状況		《本件相続の開始の時の賃貸状況が次の場合》賃貸中：賃貸借契約日　空室：空室時期（本件相続の開始の時までの期間）
	本件相続の開始の時	本件申告期限	
101	賃貸中	賃貸中	平成13年6月9日契約
102	空室	空室	平成27年4月以前から空室（4年6か月以上）
103	賃貸中	賃貸中	平成15年4月30日契約
105	賃貸中	賃貸中	平成25年5月15日契約
201	空室	空室	令和元年8月から空室（約2か月）
202	空室	空室	平成27年4月以前から空室（4年6か月以上）
203	空室	空室	平成27年4月以前から空室（4年6か月以上）
205	空室	空室	令和元年5月から空室（約5か月）

ハ　検討

㈠　本件宅地は、本件相続の開始の直前において、本件被相続人の貸付事業の用に供されていたと認められるか否か

　上記イの(イ)及び(ロ)で述べたことからすれば、本件相続の開始の直前において、本件宅地が貸付事業の用に供されていたと認められるのは、本件共同住宅のうち貸付事業の用に供されていた部分に係る本件宅地の部分に限られることとなり、その判定は、同(ハ)のとおり、措置法通達69の4-24の2の定めによることが相当であるところ、本件共同住宅の賃貸の状況は、上記ロの㈡のとおり、本件相続の開始の時において、本件各貸付部分と本件各空室部分があることから、それぞれの部分に係る本件宅地の部分について、貸付事業の用に供されていた

と認められるか否かを検討する。

A　本件各貸付部分に係る本件宅地の部分

本件各貸付部分は、上記ロの(ニ)のとおり、本件相続の開始の時において、各賃借人に貸し付けられていたから、本件各貸付部分に係る本件宅地の部分は、本件相続の開始の直前において、本件被相続人の貸付事業の用に供されていたと認められる。

B　本件各空室部分に係る本件宅地の部分

(A)　本件各空室部分については、上記ロの(ニ)のとおり、本件相続の開始の時において、いずれも貸し付けられておらず空室であった。

そこで、上記イの(ハ)のとおり、本件各空室部分が、一時的に賃貸されていなかったと認められるものであるか否かについて検討する。

(B)　この点、上記ロの(ニ)のとおり、本件各空室部分のうち102号室、202号室及び203号室については、平成27年4月以前から空室であり、本件相続の開始の時において少なくとも4年6か月以上の長期にわたって空室の状態が続いていたのであるから、客観的に空室であった期間だけみても、実質的にみて本件相続の開始の時に賃貸されていたのと同視し得る状況にはなかったというべきであるから、一時的に賃貸されていなかったものとは認められない。

(C)　また、本件各空室部分のうち201号室及び205号室については、上記ロの(ニ)のとおり、本件相続の開始の時から約2か月前又は約5か月前にそれぞれ入居者が退去しており、空室であった期間は長期にわたるものではない。

しかしながら、これらの空室についても、本件相続の開始の時において一時的に賃貸されていなかったものとは認められない。

すなわち、上記ロの(イ)ないし(ハ)のとおり、本件被相続人は平成20年に本件不動産業者と一般媒介契約を締結し、本件各情報サイトには本件相続の開始の時においても本件共同住宅の入居者を募集する旨の広告が掲載されていたものの、本件不動産業者が本件共同住宅に関して入居者を仲介した実績がないこと、本件不動産業者が本件被相続人と連絡が取れなかったことにより平成27年以降の本件共同住宅の空室の状況を把握していなかったこと、本件不動産業者ではオーナーから広告の掲載を取りやめたい旨の申

出がない限りその掲載を継続する扱いをしていたことからすれば、平成27年以降においては、本件被相続人が上記一般媒介契約及び上記広告を放置していたにすぎず、積極的に本件共同住宅の新たな入居者を募集していたとはいえない。現に、上記ロの㈡のとおり、本件各空室部分のうち201号室及び205号室については、本件申告期限までの期間をみても、新たな入居者はなく、空室のままの状態であった。

そうすると、本件各空室部分のうち201号室及び205号室についても、本件相続の開始の時の約2か月前又は約5か月前にそれぞれ入居者が退去した後は、賃貸される具体的な見込みがあったとはいえず、空室のままの状態にされていたというほかないから、実質的にみて本件相続の開始の時に賃貸されていたのと同視し得る状況にはなく、一時的に賃貸されていなかったものとは認められない。

(D) 以上からすれば、本件各空室部分は、いずれも、一時的に賃貸されていなかったとは認められないから、本件相続の開始の直前において、本件各空室部分に係る本件宅地の部分は、本件被相続人の貸付事業の用に供されていたとは認められない。

(ロ) 本件宅地が「貸付事業用宅地等」に該当するか否か

本件各貸付部分に係る本件宅地の部分は、上記(イ)のAのとおり、本件被相続人の貸付事業の用に供されており、上記ロの㈡のとおり、請求人が本件相続の開始の時から本件申告期限までの間に本件宅地に係る本件被相続人の貸付事業を引き継ぎ、本件申告期限まで引き続き本件宅地を有し、かつ、当該貸付事業の用に供していると認められるから、措置法第69条の4第3項第4号に規定する「貸付事業用宅地等」に該当する。

他方で、本件各空室部分に係る本件宅地の部分は、上記(イ)のBのとおり、本件被相続人の貸付事業の用に供されていたとは認められず、また、請求人が本件相続の開始の時から本件申告期限までの間に本件宅地に係る本件被相続人の貸付事業を引き継ぎ、本件宅地を貸付事業の用に供していたとも認められないから、措置法第69条の4第3項第4号に規定する「貸付事業用宅地等」に該当しない。

(ハ) 小括

したがって、本件各空室部分に係る本件宅地の部分は、本件特例を適用する
　　ことができない。

ニ　請求人の主張について

　　(イ)　請求人は、上記３の(1)の「請求人」欄のイのとおり、本件宅地の全てを貸付
　　　事業の用に供していた旨、本件特例に係る法令には「賃貸割合」を乗じて計算
　　　するとは規定されておらず、貸付事業の用に供していれば本件特例は適用され
　　　るものである旨を主張する。

　　　　しかしながら、上記イの(ロ)のとおり、措置法施行令第40条の２第４項は、本
　　　件特例の適用を受けようとする宅地等のうちに被相続人等の事業の用以外の用
　　　に供されている部分があるときは、当該被相続人等の事業の用に供されていた
　　　部分に限り、本件特例の適用を受けることができる旨規定している。そして、
　　　同項は、本件特例の趣旨が、同(ハ)のとおり、生活基盤の維持及び個人事業者の
　　　事業の継承等を図るために、相続の開始の直前に事業の用に供されていた宅地
　　　等に限って、特に相続税の課税価格の優遇措置を認めたものであることを踏ま
　　　えて、被相続人等の事業の用に供されている宅地等であっても、事業の用以外
　　　の用に供されている部分があるときは、当該部分は本件特例の適用の対象から
　　　除外する旨の規定であると解される。そうすると、宅地等のうち事業の用以外
　　　の用に供されている部分の有無の判断についても、上記趣旨に沿って行われな
　　　ければならないというべきである。具体的に検討すると、例えば、宅地等上に
　　　ある共同住宅の一部の部屋を賃貸用とし、その他の部屋を賃貸用としていなか
　　　った場合に、当該共同住宅の一部の部屋を賃貸用としていたことをもって、当
　　　該宅地等の全部が貸付事業の用に供されていたと判断し得るとされてしまうと、
　　　本件特例の適用範囲が不明確になる上、その適用範囲が安易に拡大され、本件
　　　特例が濫用されるおそれも生じかねないから、上記の場合には、賃貸用として
　　　いた部屋に相当する宅地等の部分に限って本件特例の適用を認めることが、本
　　　件特例及び同項の趣旨に沿うものであるというべきである。

　　　　また、同項の文言上も、被相続人等の事業の用以外の用に供されていた「部
　　　分」と規定されているところ、「部分」とは、必ずしも物理的に分割した一部
　　　のみを指すのではなく、割合的に分割した一部を指すこともあるから、共同住
　　　宅の全部屋のうち賃貸用としていた部屋に係る割合をもって、賃貸用としてい

た部屋に相当する宅地等の部分を特定し、その部分に限って本件特例の適用を認めることは、同項の文理に反するものでもない。

　　　　そうすると、本件共同住宅の一部が賃貸されていたことをもって、本件宅地の全部が貸付事業の用に供されていたということはできないから、請求人の主張には理由がない。

　㈼　請求人は、上記３の⑴の「請求人」欄のイ及びロのとおり、本件共同住宅は、本件相続の開始の直前においては本件各空室部分があったものの、全てを貸付事業の用のみに供し、維持管理を行っており、それ以外の用途に供していない旨、本件各空室部分については、本件被相続人が複数のインターネットサイトで入居者の募集をしていた旨を主張する。

　　　　しかしながら、上記ハの㈠のＢで述べたとおり、本件各空室部分については、本件被相続人が本件各情報サイトの広告を放置していたにすぎないなど、実質的にみて本件相続の開始の時に賃貸されていたのと同視し得る状況にはなく、一時的に賃貸されていなかったものとは認められない。

　　　　また、本件各空室部分に係る本件宅地の部分が積極的に貸付事業以外の用に供されていなくても、貸付事業の用に供されていたものではない以上、措置法施行令第40条の２第４項に規定された「事業の用以外の用に供されていた部分」に該当するというべきである。

　　　　したがって、請求人の主張には理由がない。

⑵　争点２（本件年金受給権に関して過少申告となったことについて、通則法第65条第４項第１号に規定する「正当な理由があると認められるものがある場合」に該当するか否か。）について

　イ　法令解釈

　　　　過少申告加算税は、過少申告による納税義務違反の事実があれば、原則としてその違反者に対し課されるものであり、これによって、当初から適法に申告し納税した納税者との間の客観的不公平の実質的な是正を図るとともに、過少申告による納税義務違反の発生を防止し、適正な申告納税の実現を図り、もって納税の実を挙げようとする行政上の措置である。

　　　　上記の趣旨に照らせば、通則法第65条第４項第１号に規定する「正当な理由があると認められるものがある場合」とは、真に納税者の責めに帰することのでき

ない客観的な事情があり、上記のような過少申告加算税の趣旨に照らしても、な
お、納税者に過少申告加算税を賦課することが不当又は酷になる場合をいうもの
と解するのが相当である（最高裁平成18年4月20日第一小法廷判決・民集60巻4
号1611頁参照）。

ロ　当てはめ及び請求人の主張について

(イ)　請求人は、上記3の(2)の「請求人」欄のとおり、本件年金受給権の申告方法
について、本件長女が税務職員へ相談したところ、生命保険金として取りあえ
ずそのまま申告するよう指導されたこと、及び、本件相続税の申告後、法定申
告期限までに適切な指導を受けていれば、適切な申告ができていたし、故意に
誤った申告をしたものではないことをもって、通則法第65条第4項第1号に規
定する「正当な理由があると認められるものがある場合」に該当する旨を主張
する。

しかしながら、本件長女が税務職員にしたという相談の内容については、請
求人の主張を踏まえても具体的に明らかになっていない上、税務職員による誤
指導があったことを裏付ける証拠も見当たらない。

また、税務署長が、納税者に対して申告の誤りについて法定申告期限までに
是正できるよう措置を講ずべき旨定めた法令の規定はない上、相続税の申告は、
本来、納税者自身の判断と責任においてなされるべきものであるから、原処分
庁が法定申告期限内に請求人に本件相続税の申告の誤りを指摘せず、請求人が
故意に誤った申告をしたものではなかったからといって、そのことをもって
「正当な理由があると認められるものがある場合」に該当するとはいえない。

なお、過少申告加算税は、上記イのとおり、過少申告による納税義務違反の
事実があれば、原則として課されるものであり、過少申告の故意は課税要件で
はないから、請求人が故意に誤った申告をしたか否かは、過少申告加算税の賦
課決定の適法性の判断を左右するものではない。

(ロ)　以上によれば、請求人の主張する事情は、いずれも通則法第65条第4項第1
号に規定する「正当な理由があると認められるものがある場合」に該当せず、
請求人の主張には理由がない。

また、当審判所の調査及び審理の結果によっても、請求人の主張する事情以
外にも、同号に規定する「正当な理由があると認められるものがある場合」に

該当する事実は認められない。

(3) 本件更正処分の適法性について

上記(1)のとおり、請求人は、本件各空室部分に係る本件宅地の部分について本件特例を適用することはできないから、これを前提に、当審判所が請求人の本件相続税の課税価格及び納付すべき税額を計算すると、別表1の「更正処分等」欄の各金額と同額となる。

また、本件更正処分のその他の部分については、請求人は争わず、当審判所に提出された証拠資料等によっても、これを不相当とする理由は認められない。

したがって、本件更正処分は適法である。

(4) 本件賦課決定処分の適法性について

上記(3)のとおり、本件更正処分は適法であり、上記(2)のとおり、本件更正処分により納付すべき税額の計算の基礎となった事実が本件更正処分前の税額の計算の基礎とされていなかったことについて、通則法第65条第4項第1号に規定する「正当な理由があると認められるものがある場合」に該当しない。

そして、当審判所においても、請求人の過少申告加算税の額は、本件賦課決定処分における金額と同額であると認められる。

したがって、本件賦課決定処分は適法である。

(5) 結論

よって、審査請求は理由がないから、これを棄却することとする。

別表1　審査請求に至る経緯（省略）

別表2　本件相続税の申告及び更正処分における本件宅地の評価並びに本件特例適用後
　　　の価額（省略）

別紙

関係法令等の要旨

1 国税通則法

(1) 国税通則法（以下「通則法」という。）第65条《過少申告加算税》第1項は、期限内申告書が提出された場合において、更正があったときは、当該納税者に対し、その更正に基づき同法第35条《申告納税方式による国税等の納付》第2項の規定により納付すべき税額に100分の10の割合を乗じて計算した金額に相当する過少申告加算税を課する旨規定している。

(2) 通則法第65条第4項柱書及び同項第1号は、同条第1項に規定する納付すべき税額の計算の基礎となった事実のうちにその更正前の税額の計算の基礎とされていなかったことについて正当な理由があると認められるものがある場合には、同項に規定する納付すべき税額から、その正当な理由があると認められる事実に基づく税額として政令で定めるところにより計算した金額を控除して、同項の規定を適用する旨規定している。

2 租税特別措置法関係

(1) 租税特別措置法（以下「措置法」という。）第69条の4《小規模宅地等についての相続税の課税価格の計算の特例》第1項及び同項第2号は、個人が相続により取得した財産のうちに、当該相続の開始の直前において、当該相続に係る被相続人又は当該被相続人と生計を一にしていた当該被相続人の親族（以下「被相続人等」という。）の事業（事業に準ずるものとして政令で定めるものを含む。以下同じ。）の用に供されていた宅地等で建物の敷地の用に供されているもののうち政令で定めるもの（特定事業用宅地等、特定居住用宅地等、特定同族会社事業用宅地等及び貸付事業用宅地等に限る。以下「特例対象宅地等」という。）がある場合には、当該相続により財産を取得した者に係る全ての特例対象宅地等のうち、当該個人が取得をした特例対象宅地等又はその一部で同項の規定の適用を受けるものとして政令で定めるところにより選択をしたものについては、限度面積要件を満たす場合の当該選択をした特例対象宅地等（以下「小規模宅地等」という。）に限り、相続税の課税価格に算入すべき価額は、当該小規模宅地等の価額に100分の50の割合を乗じて計

算した金額とする旨規定している（以下、同項に規定する特例を「本件特例」という。）。

(2)　措置法第69条の4第3項第4号は、貸付事業用宅地等とは、被相続人等の事業（不動産貸付業その他政令で定めるものに限る。以下「貸付事業」という。）の用に供されていた宅地等で、同号のイ又はロに掲げる要件のいずれかを満たす当該被相続人の親族が相続により取得したものをいう旨規定し、同号イは、当該要件につき、当該親族が、相続開始時から申告期限までの間に当該宅地等に係る被相続人の貸付事業を引き継ぎ、申告期限まで引き続き当該宅地等を有し、かつ、当該貸付事業の用に供していることと規定している。

(3)　租税特別措置法施行令（以下「措置法施行令」という。）第40条の2《小規模宅地等についての相続税の課税価格の計算の特例》第1項は、措置法第69条の4第1項に規定する事業に準ずるものとして政令で定めるものは、事業と称するに至らない不動産の貸付けその他これに類する行為で相当の対価を得て継続的に行うもの（下記(5)において「準事業」という。）とする旨規定している。

(4)　措置法施行令第40条の2第4項は、措置法第69条の4第1項に規定する被相続人等の事業の用に供されていた宅地等のうち政令で定めるものは、相続の開始の直前において、当該被相続人等の同項に規定する事業の用に供されていた宅地等のうち棚卸資産に該当しない宅地等とし、これらの宅地等のうちに当該被相続人等の同項に規定する事業の用以外の用に供されていた部分があるときは、当該被相続人等の同項に規定する事業の用に供されていた部分に限る旨規定している。

(5)　措置法施行令第40条の2第7項は、措置法第69条の4第3項第4号に規定する政令で定める事業は、駐車場業、自転車駐車場業及び準事業とする旨規定している。

(6)　租税特別措置法（相続税法の特例関係）の取扱いについて（法令解釈通達）（昭和50年11月4日付直資2-224ほか。ただし、令和2年7月2日付課資2-10ほかによる改正前のものをいい、以下「措置法通達」という。）69の4-24の2《被相続人等の貸付事業の用に供されていた宅地等》は、宅地等が措置法第69条の4第3項第4号に規定する被相続人等の貸付事業の用に供されていた宅地等に該当するかどうかは、当該宅地等が相続開始の時において現実に貸付事業の用に供されていたかどうかで判定するのであるが、貸付事業の用に供されていた宅地等には、当該貸付事業に係る建物のうちに相続開始の時において一時的に賃貸されていなかったと

認められる部分がある場合における当該部分に係る宅地等の部分が含まれる旨定めている。

裁決事例集（第131集）

令和6年2月22日　初版印刷
令和6年3月15日　初版発行

不　許
複　製

（一財）大蔵財務協会　理事長
発行者　　木 村 幸 俊

発行所　　一般財団法人　大 蔵 財 務 協 会

〔郵便番号　130-8585〕
東京都墨田区東駒形1丁目14番1号
（販　売　部）TEL 03(3829)4141・FAX 03(3829)4001
（出版編集部）TEL 03(3829)4142・FAX 03(3829)4005
URL　http://www.zaikyo.or.jp

本書は、国税不服審判所ホームページ掲載の『裁決事例集No.131』より転載・編集したものです。

落丁・乱丁は、お取替えいたします。　　　　　　　　印刷　㈱恵友社
ISBN978-4-7547-3214-1